CHARLES D'HOZIER

ARMORIAL GÉNÉRAL

DU POITOU

RECUEIL OFFICIEL DRESSÉ EN VERTU DE L'EDIT DE 1696

PUBLIÉ PAR

H. PASSIER

TOME SECOND

NIORT

L. CLOUZOT, LIBRAIRE

22, RUE DES HALLES, 22

1887

ARMORIAL
DU POITOU

Imp. A. Chiron
5, rue Saint-Gelais, Nior

CHARLES D'HOZIER

ARMORIAL GÉNÉRAL

DU POITOU

RECUEIL OFFICIEL DRESSÉ EN VERTU DE L'EDIT DE 1696

PUBLIÉ PAR

H. PASSIER

TOME SECOND

NIORT

L. CLOUZOT, LIBRAIRE

22, RUE DES HALLES, 22

1887

ARMORIAL GÉNÉRAL DE FRANCE

GÉNÉRALITÉ DE POITOU

LES SABLES

SUIVANT L'ORDRE DU REGISTRE I⁽ᵉʳ⁾

53. — De GOULAINE, Antoinette, veuve de Gabriel de GOULAINE, escuier, sieur de La Touche :

Mi-parti au premier de gueules à trois demi leopards d'or moüyans de la partition : Et au second d'azur à une fleur de lis d'or et une fleur de lis de mesme aussy mouvante de la partition.

54. — De GOULAINE et de LA TOUCHE, Marie, Damoiselle :

Mi-parti au premier de gueules à trois demi léopards d'or mouvans de la partition : au second d'azur à une fleur de lis d'or en chef et une demi fleur de lis de mesme mouvante aussy de la partition.

Enregistré à Paris, le 19 mars, 1700.

SENDRAS.

BUREAU DES SABLES

SUIVANT L'ORDRE DU REGISTRE 1er

1. — De Lezardière, Claude Robert, escuier, seigneur de La Turrie :

D'argent, à trois quintaines de gueules, deux en chef et une en pointe.

2. — De Lezardière, Gilbert-Robert, escuier, seigneur de La Salle :

De même.

3. — Durant, N... escuier, seigneur de Challandy :

D'or, à un chevron de gueules, accompagné de trois fleurs de lis de sinople, deux en chef et une en pointe.

4. — Perroteau, Joseph, S. de la Gaveilière, conseiller du Roy, lieutenant de l'admirauté et président des traittes aux Sables d'Ollonne :

D'argent, à un chevron de sable, accompagné en chef de deux coquilles de gueules et en pointe d'un coq d'Inde de sable, creté et barbé de gueules sur des ondes de sinople.

5. — Pineau, Jacques, S. de la Tournerie, advocat en Parlement senechal de Beaulieu :

D'argent, à un pin de sinople fusté et fruitté de gueules mouvant d'une rivière d'azur.

6. — Morreau, Mathurin, avocat en Parlement, conseiller du Roy et président en l'élection des Sables.

D'argent, à une teste de sable tortillée et perlée d'argent, contournée et posée sur des ondes d'azur, accompagnée en chef de deux étoiles de gueules.

7. — Aymon, René Antoine, escuier, sieur de la Petilière :

Comme cy-devant 39, du registre de Poitiers.

8 bis. — Lingier, Philipe, escuier, seigneur de la Noüe et Renée Robert, son épouze :

D'argent, à une fasce fuselée de gueules de cinq pièces accompagnée de huit mouchetures d'hermines de sable, 4 rangées en chef et 4 en pointe rangées de même :

Accolé comme cy-devant, art. 1er.

9. — De CAVERNAUD (Kerveno), René, escuier, seigneur de Garnault :

D'azur, à neuf molettes d'argent, posées quatre, trois et deux.

10. — AUDOYER, Hector, seigneur de la Blatonnière :

De gueules, à une croix ancrée d'or.

11. — GAZEAU, Louis Alexandre, escuier, seigneur de la Boissière :

D'azur, à un chevron d'or, accompagné de trois trèfles de même deux en chef et un en pointe.

12. — LEGACOINGU, Alexis, escuier, sieur de Chenay :

D'or, à trois croissans de sable, deux en chef et un en pointe et une étoile de même posée en abime.

13. — A expliquer plus amplement.

14. — De RORTHAIS, Calixte, escuier, sieur de la Rochette de Beaulieu :

D'argent, à trois fleurs de lis de gueules, deux et une, et une bordure de sable bezantée d'or.

15 bis. — De RORTHAIS, escuier, S. de Monbail, et Céleste AYMON son épouse :

De même, accolé comme cy-devant, art. 39 de Poitiers.

16. — De RORTHAIS, René, escuier, sieur de la Savarière :

Comme cy-devant, art. 14.

17. — BUON, Marie, dame de la Rochette Beaulieu :

D'argent, à trois coquilles de gueules, posées 1 et 2 et un franc canton d'azur.

18. — BARRAUD, Alexandre, escuier, S. de La Lardière :

D'azur, à un écureuil rampant d'argent, onglé de sable.

19. — COUJARD DE LA RIFAUDIÈRE, André, lieutenant civil criminel dans l'élection des Sables d'Ollonnes :

D'azur, à trois testes et cols d'oye, coupées d'argent deux en chef et une en pointe et une étoile d'or posée en abime.

20. — De Lescorie, Pierre, escuier, S. de la Jarriette :

Comme cy-devant, art. 179 de Fontenay.

21. — De Bessay, Samuel, escuier, sieur de la Maison Neuve :

Comme cy-devant, art. 239 de Poitiers.

22. — Friconneau, Jacques, conseiller du Roy en l'élection des Sables :

D'azur, à un chevron d'or, accompagné en chef de deux étoiles et en pointe d'un croissant de même.

23. — Bodin, François, *seigneur de la Boucherie* :

D'azur, à neuf besans d'or posez trois, trois et trois.

24. — A expliquer plus amplement.

25. — Doriveau, François, S. de la Bassetière :

D'azur, à un chevron d'or, accompagné en chef de trois étoiles rangées d'argent et en pointe d'un lion de même.

26. — Olliveau, Pierre, senechal de la Roche-sur-Yon :

D'or, à trois olliviers de sinople tigées et garnies chacune d'une feuille de même, les tiges en haut posées deux en chef et une en pointe.

27. — Menardeau, Pierre, S. de L'Estang, procureur fiscal de Challans :

D'azur, à une fasce en devise haussée d'or, accompagnée en chef d'un croissant d'argent, accosté de deux étoiles de même et en pointe de trois cignes aussy d'argent rangez dans un étang de même.

28. — Chitton, André, S. de Varnes :

D'azur, à un St-Esprit d'argent, le vol étendu et un chef cousu de gueules, chargé de trois étoiles d'argent.

29. — Mauclerc, Jacques, seigneur de Marconnay :

D'argent, à une croix ancrée de gueules.

30. — Guinebauld, François, S. de la Groitière :

De gueules, à trois roses d'argent, deux et une.

31. — Guinebauld, Jacques, seigneur du dit lieu :

De même.

32. — Raufray, Louis, seigneur de la Baionnière, procureur du Roy aux Sables :

D'azur, à deux clefs d'argent adossées et passées en sautoir, accompagnés en chef d'une fleur de lis de même.

33. — JOUBERT, Georges, escuier, S. de la Guidray :

Comme cy-devant, 129 de Fontenay.

34. — DE PLONAY, Maturin, escuier, S. de la Grelière :

D'azur, à un lion d'argent, couronné de même, accompagné de trois étoiles d'or deux en chef et une en pointe.

35. — DE LA GUÉRINIÈRE, Pierre, escuier, S. de la Jarairière :

D'azur, à un chevron d'or, accompagné de trois croissans d'argent deux en chef et un en pointe.

36. — DE LA GUÉRINIÈRE, Pierre, escuier, S. de la Mencelière :

De même.

37. — PIERRES, François, seigneur du Plessis Baudouin et de Pondevié, gentilhomme :

D'or, à une croix pattée et alaisée de gueules.

38. — DE LA TOUR, Henry, seigneur de la Bouchère, gentilhomme :

D'argent, à un aigle à deux testes, le vol abaissé de gueules, enfermé dans un cercle d'azur qui est chargé de six bezans d'or trois en chef deux aux flancs et un en pointe.

39. — GUINEBAULT, Charles, seigneur du fief Millere, gentilhomme :

Comme cy-devant, art. 30.

40. — BOUHIER, André, escuier, seigneur de la Chevestelière :

D'azur, à un chevron d'argent, accompagné en chef de deux croissans de même et en pointe d'une rencontre de beuf d'or.

41. — MORISSON, Jean-Baptiste, seigneur de la Basselière, gentilhomme :

De sable, à trois roquets d'or, 2 et 1.

42 bis. — SOUCHER, Julien, seigneur de Brandeau, gentilhomme, et Françoise de BRUC, son épouze :

De sable, à un lion d'argent acolé d'argent à une rose de six feuilles de gueules boutonnée d'or.

43. — Monisson, François, seigneur de la Naulière :

Comme cy-devant 41.

44. — Le Roux, Pierre, seigneur de la Corbinière, gentilhomme :

D'azur, à un lion d'or couronné, lampassé et armé de gueules.

45. — Guérin, Louis, escuier, seigneur de la Davière :

De gueules, à un chevron d'argent, accompagné de trois roses de même bordées de sable, posées deux en chef et une en pointe.

46. — Thomasset, Jacques René, escuier, sieur de la Boisson nière :

D'argent, à cinq mouchetures d'hermines de sable, trois et deux, et un chef d'azur chargé d'un griffon passant d'or armé de gueules, soutenu d'une fasce en devise de sable.

47. — De Montsorbier, Catherine, veuve d'Alexandre Buon, escuier, sieur de la Joussclinière :

D'azur, à trois pals d'or.

48. — De La Roye, N... :

D'argent, à trois coquilles de sable, une en chef et deux en pointe, et un franc quartier senestré de même.

49. — De La Chanollière, N... ·

De même.

50. — La Guillotière, N... :

D'argent, à une croix pattée et alaisée de gueules.

51. — Martin, Jean, escuier, sieur de Lespinay :

De sinople, à une ancre d'or accompagnée de deux bras d'argent passés en sautoir les points coupez et séparez de leurs bras et un tourteau de gueules en cœur brochant sur l'ancre et chargé d'une fleur de lis d'or.

52. — De Meigné, Honoré, S. du Branday, conseiller médecin du Roy dans la ville et ressort de l'élection des Sables :

D'azur, à un cœur ailé d'or, et un chef de même chargé de trois lions naissans de gueules lampassez et armez de sinople.

53, 54. — A expliquer plus amplement.

55. — De Lespinay, Anne :

D'argent, à trois plantes d'épines arrachées de sinople, deux et une.

56. — Robineau, Josué, escuier, S. de la Chaminière, gentilhomme :

De gueules, à une croix ancrée d'argent, et en chef de même, chargé de cinq tourteaux de gueules.

57. — De Bessay, Louis, Jean, S. de la Coutancourt :

Comme cy-devant, art. 21.

58. — De Chiché, André, escuier, S. de la Touche Barré :

D'azur, à trois gerbes d'or deux et un.

59. — Thomasset, N..., escuier, S. du Pin :

Tiercé, en fasce au premier d'azur à un griffon passant d'or, au second de sable, et au troisième d'argent à trois mouchetures d'hermines de sable posées 3 et 2.

60. — Masson, Louis, escuier S. de La Noüe Perray :

D'argent, à cinq lozanges de gueules posées trois et deux.

61. — De La Haye, Montbault, N... dame :

De sinople, à un lion d'or, couronné lampassé et armé de gueules.

62. — Morisson, Labastier, Charles, escuier, S. de Bourchausse, gentilhomme :

Comme cy-devant 43.

63. — Montausier, N... escuier, S. de Chasteigniers :

D'or, à trois lozanges d'azur, 2. et 1.

64. — Espinasseau, Jacob, escuier, sieur de la Servantière :

D'azur, à trois étoiles d'argent, deux et une.

65. — Dassemal, Louis, escuier, sieur de la Servantière :

D'azur, à un chevron brisé d'argent, accompagné en pointe d'un croissant de même.

66. — Baudry, Gabriel, escuier, S. de la Bururère :

Mi parti au premier fascé d'argent et d'azur de 6 pièces coupé d'un tranché d'argent et sur azur, et au second d'azur à un chevron d'or, accompagnez en pointe d'une étoile de même, soutenu d'un taillé d'or.

67. — Aimon, Louis, escuier seigneur de Villanelle :

Comme cy-devant art. 7,

68. — Marin, Antoine, seigneur de la Hubordière, gentilhomme :

De gueules, à un lion d'argent, lampassé et armé de sable.

69. — Marin, Jean, seigneur du Genest, gentilhomme :

De même.

70. — De Maingarinau, Auguste, escuier, seigneur de Curzon :

D'azur, à un gand de la main senestre apaumé d'argent accompagné de trois croissants de même, 2 en chef et 1 en pointe.

71. — De Ramberge, Charles, sieur de Boislambert :

D'azur, à trois chevrons d'argent, accompagnez de quinze étoiles de même cinq au-dessus chaque chevrons et posées en chevron.

72. — Marin, Angélique, damoiselle :

Comme cy-devant. 68.

Enregistré à Paris, le 20 mars 1699.

SENDRAS.

LES SABLES

SUIVANT L'ORDRE DU REGISTRE 1er

73. — De Gabory, Luc, escuier, seigneur de la Bonnetière :

De sable, à une croix d'or cantonnée de quatre poignards de même.

74. — Delaforet, François, escuier, S. de la Thomazerie :

D'azur, à huit crousilles d'argent, posées en orb.

75. — De La Rochefoucault, Mathurin, chevalier, Seigneur du Breuil :

Burelé d'argent et d'azur de dix piéces à trois chevrons de gueules brochant sur le tout.

76. — De La Rochefoucault, René, chevalier, seigneur de Beauregard :

De même.

77. — Thibault de la Carte, Gabriel, escuier, seigneur de la Chauvière :

D'azur, à une tour d'argent donjonnée de trois tourelles de même massonnée de sable.

78. — FOUCHER, Calixte, escuier, seigneur de Leguy :

De sable, à un lion d'argent.

79 bis. — A expliquer plus amplement.

80. — De LA TRIBOUILLE, Jean Victor, escuier, sieur dudit lieu :

D'azur, à trois roquets d'argent, deux et un.

81. — PINEAU, feu Abraham, escuier, S. du Plessis Courtant, suivant la déclaration de Caterine SITOIS, sa veuve :

D'argent, à un chevron de gueules accompagné de trois pommes de pin de sinople deux en chef et une en pointe les tiges en bas.

82. — De RIVEAUDEAU, escuier, S. de La Gallonnière :

D'argent, à une croix pattée, alaisée de gueules.

83. — De LA GUERINIÈRE, Charles, escuier, sieur de Beauchesne :

D'azur, à un chevron d'or accompagné de trois croissans d'argent, deux en chef et un en pointe.

84. — DURAND, Guy, escuier, sieur de Bellefont :

De sable, à une croix alaisée d'argent.

85. — GUERRY, Alexis, escuier, sieur de la Joirie :

D'azur, à trois bezans d'or, deux en chef et un en pointe.

86. — MARCHAND, Gilles, escuier, seigneur de Meulinière :

D'argent, à trois moules de sable, deux en chef et une en pointe.

87. — MARECHAL, Alexandre, seigneur de Poiroux :

D'azur, à un lion d'or.

88. — A expliquer plus amplement.

89. — GRASSINEAU, Saturnin, seigneur de St-Fortin :

D'argent, à un lion de gueules et deux moucheures d'hermines de sable posées au second canton.

90. — ROBERT, Elisabeth, veuve de Laurent Riou, Sieur des Chassais :

D'azur, à un lion d'or.

91. — JOUBERT, Jacques, escuier, seigneur de La Loüe Gerronnière :

D'azur, à trois molettes d'or, deux et une.

92. — TAILLEFER de MONTAUZIER, Renée, veuve de N... Deffent :

D'argent, fretté de six pièces d'azur.

93. — A expliquer plus amplement.

94. — RODERT, Joseph, ecuyer, seigneur de Chon Nieuil et Girouard :

D'azur, à un lion d'or.

95. — De La HAYE MONBAULT, Renée, veuve de Léon BOGUET, ecuyer seigneur de la Flanchère a présenté l'armoirie :

D'or, à un croissant de gueules, accompagné de six étoiles de même, trois rangées en chef et trois en pointe posées deux et une.

96. — De La BONNIERE, feu N..., suivant la déclaration de N... THOMASSET, sa veuve :

D'azur, à une fasce en devise d'or, accompagnée en chef d'un grifon d'argent et en pointe de cinq mouchetures d'hermines de même posées trois et deux.

97. — Des ROCHETTES, de St-Gilles. N..., :

D'azur, à un lion d'argent couronné de même.

98. — De La ROCHE DE St-REVERAND, feu N..., suivant la déclaration de Marie Angélique DARCEMALLE, sa veuve :

D'argent, à trois fleurs de lis de gueules deux et une, et une bordure de sable besantée d'or.

99. — POITEVIN, Magdeleine, dame du Plessis Landry, veuve de M... de Lerardière :

De gueules, à trois haches d'armes d'argent, emmanchées de sable posées deux et une.

100. — BOUHIER, N..., maire des Sables d'Olonne :

D'azur, à une rencontre de beuf d'or, sommé entre ses cornes d'une étoile de même.

101. — De RORTHAYS, Jean Gabriel, ecuyer, sieur de la Suze, capitaine garde-coste et seigneur de la maison noble de la Bretonnière :

D'argent, à trois fleurs de lis de gueules, deux et une et une bordure de sable chargée de bezans d'or.

102. — BARANTON, N..., conseiller du Roy, et son procureur en la ville des Sables :

De gueules, à trois quintefeuilles d'argent deux et une, écartelé d'azur à un dauphin d'argent.

103. — Poitevin du Plessis Landry, Antoine, ecuyer, seigneur de la Guittière :

Comme cy-devant, art. 99.

104. — Baye, René, ecuyer, seigneur de Lestang :

De gueules, à trois cors de chasse d'argent, chargez chacun de cinq moucletures d'hermines de sable, et posez deux et un :

105. — Goulard, Henry, ecuyer seigneur de Beauvais :

D'azur, à un lion d'or, couronné, lampassé et armé de gueules.

106. — Duplex, René, sieur de Remuchet, senechal des Sables, et comte d'Olonnes :

De sable, à deux solles d'argent, posées l'une sur l'autre, celle de dessous contournée, et un fillet aussy d'argent issant de la gueule de l'une à l'autre.

107. — A expliquer plus amplement.

108. — Le Beau, Jacques, seigneur de la Forest, gentilhomme :

D'argent, à un cerf courant de gueules.

109. — Regnault, Gabriel, seigneur de la Proustière, gentilhomme :

D'azur, à trois trèfles d'argent, deux en chef et un en pointe et une tête de lion arrachée d'or lampassée de gueules posée en cœur.

110. — Fouché, Marie Jaquette, veuve de N... de la Baratière, baron de Sainte-Flame et Dugué a présenté l'armoirie :

D'azur, à un lion d'argent.

111. — Le Prieuré de Boisgrolaud :

D'azur, à trois fleurs de lis d'or mal ordonnées écartelé d'hermines.

112. — Les Jacobins de Beauvoir :

D'argent, à un St Piere martyr de gueules, ayant la tête fendüe par un coutelas de même.

113, 114. — A expliquer plus amplement.

115. — De la Forest de Jarlatan, N...,

D'argent, à une bordure d'azur chargée de huit coquilles d'argent.

116. — Guérin, Alexandre, sieur de la Tancrie :

D'argent, à un lion de sable armé d'or, accompagné de cinq macles de sable, deux en chef, deux aux flancs et une en pointe.

117. — Richard, Laurence, dame de la Coutancière :

D'or, à un lion d'azur lampassé et armé de gueules parti d'argent à un aigle à deux testes le vol abaissé de sinople.

118. — Bouin, Suzanne Gabrielle, veuve de Paul Porteau, écuyer, sieur de la Mauvaisinière a présenté l'armoirie :

D'argent, à un renard de gueules passant sur une terrasse de sinople.

119. — Nicou, André, écuyer, sieur de Chandelans :

D'azur, à une fasce accompagnée en chef de deux étoiles et en pointe d'un croissant, le tout d'or.

120. — Eveillard, Pierre, ecuyer S. de la Vergne S. Reverend :

De sable, à une coquille d'or en cœur accompagnée de trois molettes d'argent, deux en chef et une en pointe.

121. — Robert, Jean, père, ecuyer, seigneur de Beaufossé :

D'azur, à un lion d'or.

122. — Robert, Françoise, veuve de Claude Dreux, ecuyer, seigneur dudit lieu :

D'azur, à un lion d'or.

123. Rabillé, Julien, avocat en Parlement, senechal de la principauté de Talmont :

D'or, à un chevron d'azur, accompagné en pointe d'un cœur de carnation, et un chef de gueules chargée de deux mains couchées d'argent et confrontées.

124. — D'Arcemalle, Louis, ecuyer, sieur de Fief Barret :

D'azur, à un chevron d'argent, accompagné en pointe d'un croissant de même.

125. — De La Dive, N...,

D'azur, à un lion d'or.

126. — De La Dive, N...,

De même.

127, 128. — A expliquer plus amplement.

129. — Rempillon, Joachim, conseiller du Roy, prevost de Cravan :

D'azur, à un cœur d'or, accompagné en chef de trois étoiles rangées de même, et en pointe d'un croissant d'argent.

130, 131. — A expliquer plus amplement.

132. — Jamet, Perrine, veuve de N... de la Boudinière, a présenté l'armoirie :

D'azur, à un chevron haussé d'argent, accompagné en chef de deux étoiles d'or et en pointe d'un rencontre de beuf de même a dextre, et d'une becasse d'argent a senestre et un croissant de même posé en abime.

133. — De Massé, Robert, ecuyer, sieur de Beauvoir :

D'azur, à deux coquilles renversées d'or posées en chef et une étoile de même en pointe.

134. — Boursoneille, Jacques, avocat en parlement :

D'argent, à un sep de vigne de sinople fruité au naturel et une hure de sanglier arrachée de sable deffendue d'argent, brochant sur le tout.

135, 136. — A expliquer plus amplement.

137. — Durand, Charles, ecuier, sieur de Liquaizière :

De sable, à une croix alaisée d'argent.

138. — Borgnet, Claude, ecuyer, sieur de la Vieille Garnache :

D'argent, à un sanglier passant de sable.

139. — A expliquer plus amplement.

140. — De Mairé, Pierre, ecuyer, sieur du fief Babinière :

D'or, à un franc quartier de gueules, l'or chargé de huit annelets de gueules posez en orle et le franc quartier chargé d'un lion d'or.

141, 142. — Marin, René, chevalier, seigneur de la Guignardière et Charlotte Marie Magdelaine de la Touche Limousinière, sa femme :

De gueules, à un lion d'argent, lampassé et armé de sable, parti coupé, le premier d'azur à un coq d'or, le deuxième d'azur à un chef dentelé d'or, chargé d'un lion passant de sable acolé d'or, à trois tourteaux de gueules posez deux et un.

143, 144, 145, 146, 147. — A expliquer plus amplement.

148. — Bonnin, Jacques, sieur du Clos, procureur fiscal de Soulans :

D'azur, à trois bezans d'or deux et un party de gueules à une croix dentelée d'argent.

149. — De Rivaudeau, N..., veuve de N..., de La Gallonière :

D'azur, à trois bezans d'or, deux et un.

150, 151. — A expliquer plus amplement.

152. — Merland, Saturin, sieur de la Brancardière :

D'azur, à un poisson nommé merlan d'argent sur une mer de même surmonté d'une étoile d'or.

153, 154. — A expliquer plus amplement.

155. — De Lunge, N..., conseiller du Roy, receveur des traittes :

D'azur, à un chérubin d'or.

156. — La Communauté des chirurgiens et apoticaires de la ville des Sables :

D'argent, à un St-Cosme et un St-Damien de Carnation vetus de gueules, leurs manteaux doublez d'hermines et leurs tetes couvertes de bonnets quarréz de sable, le premier tenant de sa main senestre levée une boête couverte d'azur, et le second tenant aussy de sa main dextre levée une fiole de gueules et tous deux posez sur une terrasse de sinople de laquelle naissent des simples de même.

157, 158, 159, 160, 161, 162, 163, 164, 165, 166, 167. — A expliquer plus amplement.

168. — La Communauté des maitres orfèvres et orlogers de la ville des Sables :

De sable, à une croix d'or cantonnée au premier et 4ᵉ d'un ciboire d'argent, et au deuxième et troisième d'une bague d'or le chaton en haut.

169, 170, 171, 172, 173. — A expliquer plus amplement.

174. — La Communauté des marchands d'étoffes, merciers et épiciers de la ville des Sables :

De sable, à un vaisseau equipé voguant sur une mer surmonté d'une vierge couronnée et tenant un septre à sa main dextre etendüe paroissant dans un nuage, le tout d'argent.

175. — Fereau, N..., greffier, secretaire en chef de la ville et communauté des Sables d'Ollonnes :

D'or, à une main dextre de carnation, mouvante du flanc senestre d'une nuée d'argent, tenant une baguette de sable dont elle frappe un rocher de même mouvant du flanc dextre et duquel il coule une eaue d'azur formant un marais de même, dans lequel sont deux grenouilles naissantes et affrontées d'argent.

176, 177, 178, 179, 180. — A expliquer plus amplement.

181. — PERRANCE, Pierre, sieur de Vimpré, avocat en parlement et procureur d'office des Sables :

D'argent, à un   er arraché de sinople mouvant d'un croissant de gueules et accompagné en chef de deux étoiles de même.

182; jusques et compris 213. — A expliquer plus amplement.

Enregistré à Paris, le 3 juillet 1700.

SENDRAS.

LES SABLES

SUIVANT L'ORDRE DU REGISTRE 1er

13. — HARCOUR, Charles, bourgeois de Paris :

De gueules, à un arc d'or cordé de sable posé en fasce accompagné de deux flèches d'or empennées et ferrées d'argent couchées aussy en fasce l'une dessus et l'autre dessous.

Enregistré à Paris, le 13 aout 1700.

SENDRAS.

LES SABLES

SUIVANT L'ORDRE DU REGISTRE 1er.

88. — N..., veuve de N..., de la MEULENIÈRE, ecuier :

De sable, à un chateau d'argent.

107. — De VANDEUIL, N..., prieur de Jard :

D'or, à trois fasces d'azur.

113. — De St-Benoist, N..., ecuier :

De gueules, à un chateau d'or.

127. — De Beaufossé, René, S, de Lorgeril, ecuier :

Echiqueté d'argent et d'azur.

130. — De la Marchaissiéné, N..., eleu :

Bandé d'argent et d'azur.

131. — De Butigny, N..., ecuier :

D'azur, à trois sautoirs d'argent, 2.1.

135. — Pichot, N..., commissaire en l'élection :

D'or, à trois fasces de gueules.

136. — Friconneau, La Taillée, N..., bourgeois .

D'argent, à un lion de gueules.

139. — Gresseau, N..., ecuier :

D'argent, à un aigle de sable.

143. — De Charonnière, N..., bourgeoise :

D'argent, à un sautoir d'azur,

144. — De La Rivière, N..., ecuier :

D'azur, à trois fasces ondées d'or.

145: — De La Bazinière, N..., ecuyer :

D'argent, à un lion d'azur.

146. — Petit, N..., bourgeoise.

De gueules, à un lion d'or.

147. — Guérin de Bouchere, N..., bourgeois :

D'azur, à une croix potencée d'or.

150. — Le Blanc, René, bourgeois :

De gueules, à un lion d'argent.

151. — Pezot, N..., receveur des tailles :

De sable, à un léopard d'or.

153. — De St-Martin, ecuier :

D'or, à une bande vivrée d'azur.

154. — N..., veuve de N... GAUDIN, bourgeois :

De gueules, à trois bandes d'argent.

157. — La COMMUNAUTÉ des Tailleurs :

D'azur, à trois cizeaux ouverts d'or posez 2. 1.

158. — De MEIGNÉ, Pierre, S. de Cavaille :

D'azur, à un lion d'argent.

159. — La COMMUNAUTÉ des Cordiers et Tourneurs :

D'argent, à un cable de sable posé en rond.

160. — SORANTEAU, N..., receveur des consignations :

D'azur, à deux bandes d'or.

161. — N..., veuve de MASSON, bourgeoise :

D'argent, à un aigle de sinople.

162. — De CHALANDRY, N...:

De sinople, à un sautoir d'argent.

163. — N..., veuve TORTREAU, bourgeoise :

D'azur, à trois aigles d'or.

164. — MORINEAU, N..., bourgeois :

D'argent, à trois aigles de sable.

165. — MASSON, N..., bourgeois :

D'or, à une croix d'azur.

166. — RACLET, N..., bourgeois :

D'argent, à deux fasces d'azur,

167. — MOREAU, N..., bourgeois :

De gueules, à trois étoiles 2 et une.

169. — De BOISMARTIN VEILLON, N... :

D'or, à deux fasces de gueules.

170. — La COMMUNAUTÉ des Maréchaux :

D'argent, à une butte de sable posée en pal, accostée de deux fers de cheval de même.

171. — La COMMUNAUTÉ des Massons et Charpentiers :

D'azur, à un maillet d'or à dextre et un marteau de masson à sénestre.

172. — POMMERAY, René, bourgeois :

D'or, à une fasce de gueules.

173. — La COMMUNAUTÉ des Teinturiers, Sargetiers :

D'argent, à deux fasces de sable posées en fasce l'une sur l'autre.

176. — GAUDIN, Nicolas, bourgeois :

D'azur, à trois couronnes d'or, 2. et 1.

177. — POITEVIN, André, bourgeois :

D'or, à trois merlettes de sable, 2. et 1.

178. — RONDEAU, Paul, bourgeois :

D'or, à trois fasces de sinople.

179. — La COMMUNAUTÉ des Cordonniers :

De gueules, à un tranchet d'argent, emmanché d'or posé en pal.

180. — Du FIEF TRABEIRE, bourgeois :

D'argent, à trois chevrons d'azur.

182. — GRASSINEAU, Louis, Joseph, bourgeois :

D'azur, à un cigne d'argent.

183. — BOUHIER, JEAN, bourgeois :

D'or, à un lion de gueules.

184. — FEBVRE, François, bourgeois :

D'azur, à une oye d'argent.

185. — FEBVRE, Pierre, bourgeois :

Bandé d'or et d'azur de 6 pièces.

186. — BOUHIER, N.:.., veuve de N..., élu :

D'argent, à une croix ancrée de sable.

187. — DARICEAU, Augustin, procureur fiscal :

D'azur, à une fasce vivrée d'or.

188. — BAUX, JACQUES, greffier de la Roche :

De gueules, à un croissant d'argent.

189. — FRADET, Charles, bourgeois :

D'azur, à trois bezans d'or, 2 et 1.

190. — GUÉRIN, François, bourgeois :

De sable, à une croix d'or.

191. — FAUDRY, Julien, bourgeois :

D'argent, à un chevron de gueules.

192. — DUGAT, Simon, Notaire :

Lozangé d'or et d'azur.

193. — Le BRETON, Jacques, notaire :

De gueules, à deux pals de vair.

194. — BARTEAU, Pierre, notaire :

D'azur, à un lion d'or.

195. — De VAUX, Pierre, notaire :

D'azur, à un lion d'or.

196. — MORIN, Charles, bourgeois :

De sinople, à trois macles d'argent, 2, 1.

197. — MOLOEAU, Pierre, bourgeois :

D'azur, à un pal d'or.

198. — De LA CHESSELIÈRE, David, bourgeois :

D'argent, à un ours de sable.

199. — MORIN DE LA BUGAUDIÈRE, bourgeois :

D'hermines, à un croissant d'or.

200. — MORIN, DES MURIÈRES, N.. :

D'argent, à une bande de sable.

201. — MORIN DE LA DAVIÈRE, André;, bourgeois :

D'azur, à trois coquilles d'argent, 2, 1.

202. — De FARARE, Nicolas, bourgeois :

D'or, à un chesne de sinople.

203. — De FARARE, Louis, bourgeois :

D'azur, à une fasce d'or.

204. — De LAUTRY, Geoffroy, N..., procureur :

De gueules, à deux fasces d'argent.

205. — Moreau, Jacques, formier :

D'or, chargé de sable.

206. — Ardonneau, Pierre, Médecin :

D'azur, à trois roses d'argent.

207. — Ardonneau, Jean, avocat :

D'azur, à trois pals d'argent.

208. — Gauvry de La Guillonnière, N..., bourgeois :

D'argent, à un lion passant de gueules.

209. — Grandmaison, Bouvin, N..., bourgeois :

D'azur, à trois étoiles d'argent, 2 et 1.

210. — N..., veuve de N... Léonnard, bourgeois :

D'or, à une croix ancrée de sable.

211. — N..., veuve de Pontchesne, bourgeois :

De gueules, à un croissant d'argent.

212. — N..., veuve de N..., Foutereau, bourgeois :

De gueules, à une croix pattée d'or.

213. — N..., Arnoux, procureur fiscal :

De sable, à un cigne d'argent.

Enregistré à Paris, le 26 novembre 1700.

SENDRAS.

LES SABLES

SUIVANT L'ORDRE DU REGISTRE 1er

214 jusques et compris 286. — A expliquer plus amplement.

287. — N..., femme de Pierre de la Guérinière, écuier, S. de la Jurairière :

D'azur, à un chevron d'or, accompagné de trois croissans d'argent, deux en chef et un en pointe.

288. — A expliquer plus amplement.

289. — De Rortay, Claude Margueritte, dame de la Mancelière :

D'argent, à trois fleurs de lis de gueules, 2 en chef et 1 en pointe et une bordure de sable chargée de onze besants d'argent.

290 jusques et compris 300. — A expliquer plus amplement.

301 bis. De La Guériniène, Gabriel, sieur de Piedseq et N..., sa veuve :

De gueules, à un lion couronné d'argent et un chef. d'or, chargé de trois larmes d'azur, à un chevron d'or accompagné de trois croissans d'argent, 2 en chef et un en pointe.

302, 303, 304, 305, 306, 307, 308, 309, 310, 311, 312. — A expliquer plus amplement.

313. — De La Boissiène, dame dudit lieu :

De gueules, à une croix pattée et alaizée d'or.

314 jusques et compris 331. — A expliquer plus amplement.

332. — Faucher, Marie, femme de Louis Masson, ecuier, seigneur de la Noüe :

D'argent, à un lion de gueules.

333. — Masson, Gilles, écuier, sieur de la Grimodière :

D'argent, à cinq lozanges d'azur posés 3 et 2.

334. — Jusques et compris 363. — A expliquer plus amplement.

364. — N..., femme de Louis Guérin, écuier, S. de La Davière :

D'azur, à trois cailles d'argent, 2 en chef et 1 en pointe.

365. — A expliquer plus amplement.

366. — Charles, N.., Directeur des aydes de l'élection des Sables d'Ollonne, généralité de Poitiers :

D'or, à un olivier de sinople.

367 jusques et compris 399. — A expliquer plus amplement.

SUIVANT L'ORDRE DU REGISTRE 2*.

1. — CHIRON, Renée, Françoise, veuve de Luc Doriveau, écuier, Sieur du Fief Cadoux, sénéchal de Chalais :

D'azur, à un chevron d'or accompagné en pointe d'un lion d'argent et un chef aussi d'argent, chargé de trois étoiles d'azur.

2. — A expliquer plus amplement.

3. — DUTRAHAM, Marie Anne, femme de N. Morisson, ecuier, S. de la Bastière :

Gironné d'argent et d'azur de deux pièces.

4 jusques et compris 28. — A expliquer plus amplement.

29. — MAUCLAIRE, Israélite, femme de Charles TINGUY, écuyer, seigneur de Nesmy :

D'argent, à une croix ancrée de gueules.

30. — BODIN, Suzanne, dame des Costeaux :

D'azur, à un écusson d'argent, et un orb de neuf bezans d'or.

31. — BODIN, Charlotte, dame des Costeaux :

De même.

32 jusques et compris 79. — A expliquer plus amplement.

Enregistré à Paris, le 1er juillet 1701.

SENDRAS.

LES SABLES

SUIVANT L'ORDRE DU REGISTRE 1er

de l'État du 20 mars 1699.

24. — TINGUY, Charles, seigneur de Nesmy, gentilhomme de nom et d'armes :

D'azur, à quatre fleurs de lis d'or cantonnées.

De l'état du 3 juillet 1700

0 — LE LETTIER, N..., ministre du couvent des Mathurins de Beaumont-sur-Mer :

D'argent, à une croix pattée dont le montant est de gueules, et le traverse d'azur, chargée de huit fleurs de lis d'or.

Enregistré à Paris, le.....

SENDRAS.

LES SABLES

SUIVANT L'ORDRE DU REGISTRE 1er.

365. — BARBARIN, du Grand Plessis, N..., fille demoiselle :
D'or, à trois barbeaux de gueules, posés en pal, 2, 1.

372. — DE BERI DE MARANS, Joachim, écuier :
D'argent, à une croix d'azur.

Enregistré à Paris, le 16 décembre 1701.

SENDRAS.

LES SABLES D'OLONNE

SUIVANT L'ORDRE DU REGISTRE 1er

de l'état du 3 juillet 1700.

79 bis. — DE BÉCHILLON, René, écuier, S. de la Girardière et Françoise CHARBONNEAU, sa femme :

D'argent, à trois fusées de sable en fasce accolé d'azur et 3 écussons d'argent posez deux et un.

93. — Tinguy, Auguste, seigneur de la Turmelière :

D'or, à un chef de gueules, chargé d'une cloche d'argent.

114. — Macé, Pierre, écuier, sieur du Plessis :

D'azur, à cinq mouchetures d'hermines d'argent, posées 3 et 2, parti d'azur à trois fasces d'or accompagnées de 10 croix ancrées d'argent posées 4.3.2.1.

142 bis simple. — De Villebon, N..., écuier :

De gueules, à une ville d'argent.

De l'état du 1er juillet 1701.

333. — N..., veuve de N... de La Grimodière :

De sable à un pal d'or accosté de deux lézards d'argent.

Enregistré à Paris, le 15 février 1709.

SENDRAS.

LES SABLES

SUIVANT L'ORDRE DU REGISTRE 1er.

214. — N..., veuve de N... Bedesque, bourgeois de la Garnache :

De sable, à une lozange écartelée d'or et d'azur.

215. — Guiet, Victor, procureur fiscal de la justice d'Apremont :

De gueules, à une lozange écartelée d'or et d'azur.

216. — Bouhier, N..., l'aîné, bourgeois de la ville des Sables :

D'azur, à un chevron d'or, accompagné en chef de deux croissans d'argent et en pointe d'un massacre de bœuf d'or.

217. — Bouhier, N..., Sieur de Bourlabé, bourgeois de la ville des Sables :

De même.

218. — Villiers, N..., bourgeois de la ville des Sables :

D'argent, à deux fasces vivrées d'or, accompagnées en cœur d'un croissant de même.

219. — Dupuis, Jean, maître de navire et bourgeois de la ville des Sables :

De sinople, parti d'or à un puis d'argent brochant sur le tout.

220. — Violteau, Jacques, maître de navire et bourgeois de la ville des Sables :

Coupé d'argent et d'azur, à un violon d'or brochant sur le tout.

221. — Fricot, Daniel, maître de navire et bourgeois de la ville des Sables :

De sinople, parti d'argent, à une fasce de l'une en l'autre.

222. — Blay, Jacques, maître de navire et bourgeois de la ville des Sables :

D'azur à une lozange écartelée de sable et d'argent.

223. — Blay, Jean, maître de navire et bourgeois de la ville des Sables :

De même.

224. — Chevillon, Jacques, maître de navire et bourgeois de la ville des Sables :

De sable, à une croix cantonnée de 4 chevilles, le tout d'or.

225. — Texier, Gilles, maître de navire et bourgeois de la ville des Sables :

D'argent, à une fasce de gueules chargée de deux navettes de tisseran d'or.

226. — Arnoux, Nicolas, maître de navire et bourgeois de la ville des Sables :

D'azur, à une fasce barée de sinople et d'or de 8 pièces.

227. — Lordre, N..., Sieur des Chasteigners, bourgeois de la ville des Sables :

D'argent, parti de gueules, à un chateigner de sinople, brochant sur le tout, fruité d'or.

228. — LORDRE, René, maître de navire et bourgeois de la ville des Sables :

De même.

229. — BLANCHET, Michel, maître de navire et bourgeois de la Chauline :

De sable, à un chef de gueules, chargé d'un cigne d'argent.

230. — BOISVIN, Simon, maître de navire et bourgeois de la Chauline :

D'or, un bois de cerf de gueules, soutenu d'un tonneau de même.

231. — GASTEAU, Jacques, greffier de l'amirauté des Sables :

D'or, à cinq tourteaux de gueules, posés en sautoir.

232. — DÉNIAU, Isaac, bourgeois de Saint-Benoist :

D'azur, à cinq macles d'or posées en barre.

233. — SERVANTEAU, Jacques, maître de navire et bourgeois de Saint-Benoist :

D'azur, à cinq macles d'or, posées en barre.

234. — GAUDIN, André, maître de navire et bourgeois de la ville des Sables :

D'azur, coupé d'argent, à un tonneau de sable brochant sur le tout.

235. — PEUNX, Jean, maître de navire et bourgeois de la Chauline :

D'or, parti d'azur à un navire d'argent, brochant sur le tout.

236. — PIGEON, Pierre, maître de navire et bourgeois de la ville des Sables :

D'or, à un pigeon d'azur s'essorant.

237. — ROUSSEAU, Luc, maître de navire et bourgeois des Sables :

De gueules, à une rivière d'argent mise en fasce surmontée d'une roue de même.

238. — BOURON, Nicolas, maître de navire et bourgeois de la ville des Sables :

D'or, parti d'azur, mantelé de gueules.

239. — Nicolazeau, Julien, maître de navire et bourgeois de la ville des Sables :

D'or, parti d'azur, chapé de gueules.

240. — N..., veuve de N... Servanteau, bourgeois de St-Gilles :

D'azur, parti d'argent, chapé de sable.

241. — Audibon, René, maître de navire et bourgeois de la ville des Sables :

D'azur, parti d'argent, chapé de sinople.

242. — Reguain, Jacques, maître de navire et bourgeois de la ville des Sables :

D'azur, parti d'argent, chapé d'or.

243. — Tortreau, Jacques, maître de navire et bourgeois de la ville des Sables :

D'azur, parti d'or, chapé de sable.

244. — Giraudeau, Jean, maître de navire et bourgeois de la ville des Sables :

D'azur, parti d'or chapé de sinople.

245. — Lorteau, René, maître de navire et bourgeois de la ville des Sables :

D'azur, parti d'or, chapé de sinople.

246. — Breigneau, Jacques, maître de navire et bourgeois de la ville des Sables :

D'azur, parti d'argent, mantelé de sable.

247. — Gaudin, Simon, bourgeois de la ville des Sables :

Comme cy-devant, art. 234.

248. — Duget, Luc, maître de navire et bourgeois de la ville des Sables :

D'azur, parti d'argent, mantelé de sinople.

249. — Perroteau, Jacques, maître de navire et bourgeois de la ville des Sables :

Ecartelé d'or et d'azur à une croix de l'un en l'autre, perronnée de trois marches à chaque bout.

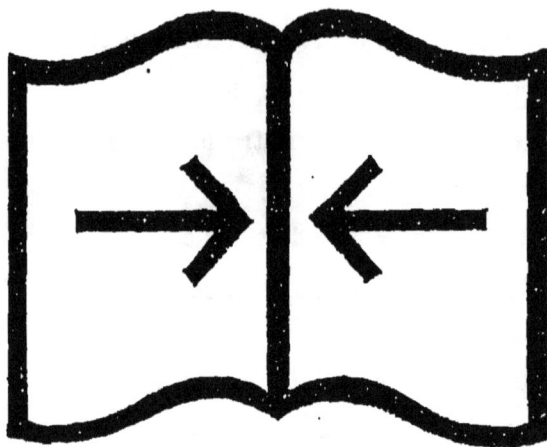

RELIURE SERRÉE
ABSENCE DE MARGES INTÉRIEURES

VALABLE POUR TOUT OU PARTIE DU
DOCUMENT REPRODUIT

250. — N..., veuve de Louis Rousselot, de la Bretitière :

D'argent, à une bande gironnée d'or et d'azur.

251. — Vaugien, René, greffier des rolles de la parroisse d'Aspremont :

D'argent, à une bande gironnée d'or et de gueules.

252. — Giraudin, N..., avocat aux Sables :

D'argent, à une bande gironnée d'or et de sinople.

253. — Disson, N..., sieur d'Espoie, bourgeois de la ville des Sables :

D'azur à une bande gironnée d'or et de sable.

254. — Colinet, André, bourgeois de la Chauline :

D'or, à une bande gironnée d'argent et d'azur.

255. — N..., veuve de N... Duget-Dupuis :

D'or, à une bande gironnée d'argent et de gueules.

256. — Colinet, Henry, maître de navire et bourgeois de la Chauline :

Comme cy-devant, article 254.

257. — N..., veuve de René Jamet, bourgeois d'Olonne :

D'or, à une bande gironnée d'argent et de sinople.

258. — L'Abaye de l'Isle Chauvet :

D'or, à une bande gironnée d'argent et de sinople.

259. — Maurat, Jean, procureur à Vallemont :

D'azur, à une bande gironnée d'or et de gueules.

260. — Begaud, Jean, maître de navire et bourgeois de la ville des Sables :

D'azur, à une bande gironnée d'or et de sable.

261. — Achard, Jacques, greffier des rolles :

D'azur, à une bande gironnée d'or et de sable.

262. — N..., veuve de Jacques Prudhomme, bourgeois de St-Gille s

D'azur, à une bande gironnée d'argent et de gueules.

263. — Doré, Gilles, prestre curé du château d'Olonne :

D'azur, à une bande gironnée d'argent et de sinople.

264. — Solignac, Jean Baptiste, prestre curé de Notre-Dame d'Olone :

D'azur, à une bande gironnée d'argent et de sable.

265. — N.., veuve de N... Duplex, sénéchal des Sables :

De gueules, à une bande gironnée d'or et d'azur.

266. — Robin, N..., prestre curé de la Chapelle-Achard :

De gueules, à une bande gironnée d'or et de sinople.

267. — Puyrousse, Louis, greffier des rolles de la parroisse de la Chaize :

De gueules, à une bande gironnée d'or et de sable.

268. — N..., veuve de N. Massé Aigerie, bourgeois des Sables :

De gueules, à une bande gironnée d'argent et d'azur.

269. — Tardy, Alexandre, greffier des rolles de la paroisse de Saint-Hilaire :

De gueules, à une bande gironnée d'argent et de sinople.

270. — Mercier, Anne, veuve de N... Arvaud, sénéchal de Beaulieu :

De gueules, à une bande gironnée d'argent et de sable.

271. — Tissonneau, N..., veuve :

De sinople à une bande gironnée d'or et d'azur.

272. — Blanchet, Jacob, marchand fermier de la Chapelle-Achard :

De sinople à une bande gironnée d'or et de gueules.

273. — Dinot, N..., médecin à Tallemont :

De sinople, à une bande gironnée d'or et de sable.

274. — Porchier, N..., sénéchal de la Motte-Achard :

De sinople à une bande gironnée d'argent et d'azur.

275. — Maurisson, François, bourgeois d'Aurillé :

De sinople, à une bande gironnée d'argent et de gueules.

276. — BOUHIER, N...., Sieur de la Lizorre :

Comme cy-devant, art. 216.

277. — JAMET, Louise, fille damoiselle :

De sinople, à une bande gironnée d'argent et de sable.

278. — CAILLE, Jean, prestre curé de Poiré-sous-la-Roche :

D'argent, parti de gueules à deux cailles de l'un en l'autre.

279. — TEXIER, Jean, bourgeois de la parroisse de Commequier :

Comme cy-devant, art. 225.

280. — N..., veuve d'Etienne BIROTTEAU :

De sable, à une bande gironnée d'argent et de sinople.

281. — GAUDIN, Michel, bourgeois de Girouard-en-Tallemont :

Comme cy-devant art. 234.

282. — PROUSTEAU, Mathurin, bourgeois de Girouard-en-Talle-mont :

De sable, à une bande gironnée d'or et de gueules.

283. — DESPORTES, N..., greffier des rolles de Girouard-en-Tallemont.

De sable, à une bande gironnée d'or et de sinople.

284. — GAUTREAU, Jacques, greffier de la paroisse des Cluzeaux :

De sable, à une bande gironnée d'argent et d'azur.

285. — HERVÉ, Jean, procureur à la Roche-sur-Yon :

De sable, à une pointe gironnée d'argent et de gueules.

286. — LE BLANQ, René, greffier de l'election des Sables :

De sable à une bande gironnée d'argent et de sinople.

288. — MARTIN, Mathurin, greffier à Tallemont :

De sinople, à un chef d'or chargé d'un marteau d'azur.

290. — AVERTY, N..., notaire à Ollonne :

Palé d'or et de sable de huit pièces, à un aigle d'argent brochant sur le tout.

291. — N..., veuve de Louis RUCHAUD, bourgeois des Cluzeaux :

Burelé de sable, et d'or de 10 pièces, à un lion naissant d'azur brochant sur le tout.

292. — Ruchaud, Louis, avocat fiscal à la Roche-sur-Yon :
Écartelé d'or et d'azur à 4 roses de l'une en l'autre.

293. — Dadre, Pierre, fermier à Angle :
D'or à une bande gironnée d'argent et d'azur.

294. — De La Sauvagère, Jean Bernard :
D'or, à une barre gironnée d'argent et de gueules.

295. — N..., veuve de N... Mesnard de la Barettierie, baronne du Gué de Ste-Flame :
D'or, à une barre gironnée d'argent et de sinople.

296. — Mesnard, N..., fils seigneur et baron du Gué :
D'or, à une barre gironnée d'argent et de sable.

297. — Magnaux, notaire et fermier à Sainte-Flame :
D'azur, à une barre gironnée d'or et d'azur.

298. — N..., femme de N... de la Guitière :
D'argent, à une barre gironnée d'or et de gueules.

299. — Saulnier, N..., demoiselle :
D'argent, à une barre gironnée d'or et de gueules.

300. — Bailly, N.., bourgeois de Sainte-Flame :
D'argent, à une bande gironnée d'or et de sable.

302. — N..., veuve de N... de la Brossardière, écuier :
D'azur, à une bande gironnée d'or et de gueules.

303. — Mercier, Maturin, greffier des rolles de la parroisse de Landeroude :
D'azur, à une barre gironnée d'or et de sinople.

304. — Robin, Charles, fermier à Saint-Hilaire de Tallemont :
Comme cy-devant, art. 266.

305. — Bigaud, Jacques, bourgeois d'Olonne :
D'azur, à une barre gironnée d'or et de sable.

306. — Guilbaud, Jean, Sieur de la Gobinière :
D'azur, à une barre gironnée d'argent et de gueules.

307. — Le Prieuré de Aizenay :
D'azur, à une barre gironnée d'argent et de sinople.

308. — Massineau, Jacques, notaire royal à Maché :

D'azur, à une barre gironnée d'argent et de sable.

309. — N..., femme d'Alexandre Barreau, écuyer, S. de la Lardière :

D'azur, à une barre gironnée d'or et d'azur.

310. — N..., femme de N... de Rortay, écuier, S. de la Suze :

D'azur, à une barre gironnée d'or et de sinople.

311. — De Rortay, N..., St-Révérend, demoiselle :

De gueules, à une barre gironnée d'or et de sable.

312. — De La Blatonnière, N. Demoiselle :

De gueules, à une barre gironnée d'argent et d'azur.

314. — De La Chavollière, feu N... et René Bouhier, sa veuve :

De gueules, à une barre gironnée d'argent et de sinople, accolé de gueules à une barre gironnée d'argent et de sable.

315. — Le Breton, N..., procureur à Tallemont :

De sinople, à une barre gironnée d'or et d'azur.

316. — Perraux, Louise, veuve de N... de la Guidru :

De sable, à une barre gironnée d'or et de gueules.

317. — Morisson, Jeanne, Damoiselle :

De sinople, à une barre gironnée d'or et de sable.

318. — De La Garlière, N..., Damoiselle :

De sinople, à une barre gironnée d'argent et d'azur.

319. — Martin, N..., Sieur de la Martinière :

Comme cy-devant art. 288.

320. — De La Guivarday, fille Damoiselle :

De sinople, à une barre gironnée d'argent et de gueules.

321. — Boule, Michel, greffier des rolles de la parroisse de Saint-Hilaire de la Forest :

De sinople, à une barre gironnée d'argent et de sable.

322. — Gautron, Alexandre, greffier des rolles de la parroisse des Moustiers :

De sable, à une barre gironnée d'or et d'azur.

323. — Veriet, Etienne, bourgeois d'Aurillé :

De sable, à une barre gironnée d'or et de gueules.

324. — N..., prieur de St-Paul de Commequeau :

De sable, à une barre gironnée d'or et de sinople.

325. — Robin, Jean, greffier des rolles de la paroisse d'Auchamp St-Père :

Comme cy-devant, art. 266.

326. — Rimbert, René, Sieur de la Plante :

De sable, à une barre gironnée d'argent et de gueules.

327. — De Sourille, Pierre, S. de Cadillon :

De sable, à une barre gironnée d'argent et de gueules.

328. — De La Roq, N..., controlleur des exploits des Sables :

De sable, à une barre gironnée d'argent et de sinople.

329. — N..., femme de N... de la Burcirie, écuier :

De gueules, à un lion d'argent, lampassé et armé de sinople.

330. — Jouastre, Mathurin, greffier des rolles de la paroisse de Poiroux :

De sinople, à un cornet d'argent.

331. — Morisson, André, S. de la Brardière :

Comme cy-devant, art. 317.

334. — Olliveau, Mathurin, greffier des rolles de la paroisse de Poiroux :

D'or, à cinq olives de sinople posées en sautoir.

335. — Jolly, René, S. de la Levraudière :

De sable, à un cœur d'argent, enflammé de gueules.

336. — N..., veuve d'Etienne Perroteau, conseiller du Roy, éleu en l'élection des Sables :

Comme cy-devant, art. 249.

337. — Marechalle, Jeanne, femme de N. de la Jariette :

De sable, parti d'or à trois fers de cheval d'argent mis en pal brochant sur le tout.

338. — N..., femme de Mathurin DE PLOUAY, ecuier S. de la Grelière :

D'or, à un pal gironné d'argent et d'azur.

339. — PINNETREAU, Pierre, greffier des rolles de la parroisse de St-Cir :

D'or, à un pal, gironné d'argent et de gueules.

340. — OZON, N..., receveur des traites à Beauvoir :

D'or, à un pal gironné d'argent et de sinople.

341. — CORMIER, Nicolas, S. de la Pajaudrie :

D'or, à un pal gironné d'argent et de sable.

342. — COLINET, Nicolas, procureur fiscal de Ric :

D'argent, à un pal gironné d'or et d'azur.

343. — PETIT JEAN, François, S. de Combut :

D'argent, à un pal gironné d'or et de gueules.

344. — GUÉRINEAU, Nicolas, S. de la Charre :

D'argent, à un plat gironné d'or et de sinople.

345. — RENAUD, N..., sieur du Marais :

D'argent, à un pal gironné d'or et de sable.

346. — SMION, Louis, Bourgeois du lieu de la Lande :

De sinople, à 6 montagnes posées 3. 3. d'argent.

347. — N..., veuve de N. DROUAULT :

D'azur, à un pal d'or gironné d'or et de gueules.

348 bis. — DAUVEAU, Charles, ecuier S. de la Charie, et Renée Jacquette GUINEBEAU, sa femme :

D'azur, à un pal gironné d'or et de sinople, accolé d'azur à un pal gironné d'or et de sable.

349. — POITEVIN, Gillette, veuve de N. de LA MEULENIÈRE :

D'azur, à un pal gironné d'argent et de gueules.

350. — MARIN, Jean, ecuier, S. du Genou :

D'azur, à un pal gironné d'argent et de sinople.

351. — N..., femme de N. LE BAULT, écuyer Seigneur de la Forest :

De gueules, à un pal gironné d'or et de sable.

352. — CITOIS, Charles, ecuier, S. de la Touche :

De gueules, à un pal gironné d'or et d'azur.

353. — BEGUNIER DE BRION, Jean, veuve de N. QUERVENO :

Ce gueules, à un pal gironné d'or et de sinoble.

354. — FRAPPIER, Léon, Senechal des Moustiers :

De gueules, à un pal gironné d'or et de sable.

355. — N..., femme de N. DARCEMALE, ecuier, S. de Servantière :

De gueules, à un pal gironné d'argent et d'azur.

356. — N..., femme d'André DE BESSAY, ecuier sieur de la Maison-neuve :

De gueules, à un pal gironné d'argent et de sinople.

357. — De LA COUTANCIÈRE, N... :

De gueules, à un pal gironné d'argent et de sable.

358. — N..., femme de Charles DE BEINCUGE, écuier S. de Bois-lambert :

De sinople, à un pal gironné d'or et d'azur.

359. — CITOIS, Jeanne, femme de Christophe MESNARD, ecuier S. de la Claye :

De sinople, à un pal gironné d'or et de gueules.

360. — DURAND, Louis, bourgeois d'Auchamps St-Père :

De sinople, à un pal gironné d'or et de sable.

361. — Le couvent des religieux de Fontenelle :

De sinople, à un pal gironné d'argent et d'azur.

362. — N..., femme de N.... de LA CORBINIÈRE, ecuier :

De sinople, à un pal gironné d'argent et de gueules.

363. — SALO, Jacquette, femme de N. de la GROSSETIÈRE :

De sinople, à un pal gironné d'argent et de sable.

367. — Pelletier, Louis, senechal de Beaulieu :

De sable, à un pal gironné d'or et d'azur.

368. — Gasteau, Jeanne, bourgeoise de Beaulieu :

De sable, à un pal gironné d'or et de gueules.

369 bis. — De la Preville, N., et N..., sa femme :

De sable, à un pal gironné d'or et de sinople : accolé de même à un chef de gueules.

370. — Barillon, Margueritte, dame de la Boucherie :

D'argent, à un baril de sable.

371. — Thomazeau, Maurice, S. de la Robichonnière :

D'or, à trois macles d'azur posées en bandes.

373. — Isembert, Pierre, sieur de la Chollière :

D'argent, à trois roses de gueules posées en pal.

374. — Cordon, Jean, Md fermier en la paroisse d'Aspremont :

D'argent, à un chapeau d'abé de sable, garni de ses cordons entrelassés et terminés en deux houpes de même.

375. — De la Mestarie, N... ecuyer :

D'azur à une rivière d'or, mise en barre.

376. — N... femme de Gilbert Robert de Pezardiere, ecuier seigneur de la Salle :

D'or, à une rivière d'azur mise en pal.

377. — De la Grange Nicolon, N. bourgeoise de Lauderonde :

D'argent, à une maison de gueule et un chef de sable.

378. — Perichon, Etienne, prestre curé de la paroisse d'Aizenai :

D'or, à un pairle de gueules, accompagné en chef d'une coquille d'azur.

379. — Roy, Pierre, notaire à Aizenai :

De sable, à une fasce d'or accompagnée en pointe d'un sceptre d'argent.

380. — Gaubin, Joseph, procureur et notaire à Aizenai :

D'or, à une fasse de sinople accompagnée en chef de trois larmes de même

381. — Morisset, Jean, prestre curé de St-Christophe de Ligneron :

D'azur à un écusson d'argent chargé d'une teste de more de sable contournée.

382. — PAGEOT, Jean, greffier des roles de la paroisse de St-Christophe de Ligneron :

D'or, à un cheval gay, lozangé d'azur et d'argent.

383. — RIVIÈRE, Yves, S. des Fromines, bourgeoise de Perier :

De sinople, à une rivière ondée d'argent mise en bande.

384. — N..., femme de N. de GOULARD, S. de Beauvais :

De sable, à une bordure componnée et contreponnée d'or et d'azur.

385. — De LA BROSSARDIÈRE, N.., écuier :

De gueules, à trois brosses d'argent posées 2. 1.

386. — De LEZARDIÈRE, N.., fils :

De sable, à trois lézards d'or, posés 2. et 1.

387. — N... femme de N. ROBERT, écuier, Seigneur de St Benoit :

De gueules, à une barre ondée d'argent, accompagnée en chef d'une étoile de même.

388. — N... femme de Jean MARTIN, écuier, S. de L'Espinay :

D'argent, à un marteau d'armes de sable et une fasce d'or brochant sur le tout.

389. — BLANCHARD, Jacques, bourgeois de la ville des Sables :

De gueules, à un cigne d'argent et une cotice d'azur, brochant sur le tout.

390. — FRADET, Louis, S. de Bionnière, bourgeois des Sables :

De sinople, à un lion d'or et une jumelle de sable brochant sur le tout.

391. — ISEMBERT, François, S. de la Davière, procureur et notaire :

Comme cy devant art. 373.

392. — GIRARD, Jean, S. de Blizière, bourgeois d'Ollonne :

Gironné de sable et d'or, à une bordure contre gironnée de l'un en l'autre.

393. — De BAUTOUX, N.., bourgeois du lieu de La Motte :

De sinople, à trois bandes d'or et un lion de sable contourné brochant sur le tout.

394. — ROY, Pierre, greffier d'Aizenai :

Comme cy-devant art. 379.

395. — DAROST, N.., écuier Sr de Choisy :

D'or, à une lanterne d'azur.

396. — N. . . . . . veuve de N. Moreau :

De gueules, à six fusées d'argent posées 1. 3. 2.

397. — Gonin, Louis, notaire à Beaufoux :

De sable, à quatre fusées d'or apointées en sautoir.

398. — Mercier, François, procureur fiscal de Beaufoux :

De sinople, à une aune d'or posée en bande.

399. — Savin, Louis, Sénéchal d'Aizenai :

D'or, parti de sable à une grappe de raisin d'argent brochant sur le tout.

SUIVANT L'ORDRE DU REGISTRE 2ᵉ

2. — N. . . . . ., veuve de N. de Lorgeril :

D'azur, à six étoiles d'argent posées 1. 3. 2.

4. — Gitton, N., docteur en médecine à Commequière :

D'azur, à sept bezans d'or posés 2. 2. 1. 2.

5. — David, N. Sieur de Salezière :

De sable, à une harpe d'or.

6. — Dreux, N., Dᴵˡᵉ :

De gueules, à une étoile à huit rais d'argent.

7. — Porteau, Paul, bourgeois de Commequière :

D'argent, à une porte de sinople.

8. — Gasteau, Augustin, bourgeois de La Chapelle Hermier :

D'or à cinq tourteaux de gueules mis en sautoir.

9. — Bailly, Louis, bourgeois de Longeville :

De sable, à un balet d'or emmanché de gueules.

10. — Robert, Louis, écuier S. de Beaufossé :

D'or, à six rocs d'échiquier d'azur posés 1. 2. 3.

11. — Regnier, Jacques, bourgeois de Chalais :

De sinople, à une couronne fermée d'argent.

12. — DAVID, Laurens, bourgeois de Notre Dame de Ric :
Comme cy-devant, art. 5.

13. — NICOLAU, Jean, procureur et notaire à la Garnache :
D'or, à une tour d'azur mise en barre.

14. — N.... femme de N... de la Hurbardière :
D'argent, à une rose d'azur tigée et feuillée de sable.

15. — MERCIER, Jeanne, veuve :
De sable, à 3 panniers d'argent posés 2. 1.

16. — VRIGNAU, Jacquette, veuve d'Antoine MERCIER :
D'or, à une flamme de gueules accostée de deux flammes de sable.

17. — LESNARD, Pierre, S. de la Brosse :
D'argent, à un encensoir d'azur.

18. — PARÈRE, Jean, bourgeois de Longeville :
D'or, à deux jumelles de sinople.

19. — N.... femme de Louis ROBERT, ecuyer S. de Beaufossé :
De gueules, semé de trèfles d'or.

20. — LOJAU, Théophile, bourgeois des Moustiers :
D'argent, semé de trefles d'azur.

21. — BONIN, Elisabeth, fille demoiselle :
D'argent semé de trefles de gueules.

22. — PASTEAU, Jacques, Sieur de Levardière, conseiller du Roy, son procureur en la jurisdiction des traites aux Sables :
D'argent semé de trèfles mi parti d'or et d'azur.

25. — ROBERT, Marie Elisabeth, femme de N. DEBÉ, écuyer S. de Lestang :
D'or, à un roc d'échiquier de gueules, accosté de deux roses de sinople.

26. — N..... femme d'Antoine Aymon, ecuyer S. de la Petitière.
D'azur, à trois chevrons écartelé d'argent et de gueules.

27. — DU BOIS, François, greffier des rolles de la paroisse de Soulans :
De sable, à deux chevrons écartelés d'or et de gueules.

28. — N.., veuve de Henri CHAPOT :

De sinople, à deux chevrons écartelés d'argent et de sables.

32. — DE GRAIN, François, sieur de la Tigerie, procureur fiscal de Tallemont :

D'azur, à une gerbe d'or accompagnée en chef de deux épis de bled de même.

33. — DUDENAUD, N..., marchand fermier à Angle :

De sable, à un chef baré d'argent et de gueules de huit pièces.

34. — ARNAUD, Joseph, marchand fermier à Angle :

D'or, à un artichaud de sinople tigé de même renversé.

35. — N..., femme de Louis AYMON, écuier baron de Belleville :

De gueules, à trois fasces, celles du milieu d'argent et les deux autres d'or.

36. — MORISSON, Louis, fermier et bourgeois de Bretignolle :

De sinople, à une croix engrelée d'or chargée en cœur d'une teste de more de sable.

37. — D'ARCEMAL, Angélique, veuve de N. DE RORTAY-St-REVE-REND :

D'argent, à une tête d'or et un croissant de sable en chef.

38. — MERCEREAU, N.., bourgeois du lieu de Chaulme :

De sinople, à deux merlettes affrontées d'or.

39. — DREUX, feu N... :

Comme cy-devant, art. 6.

40. — RIOUE, N... S. de Puisblanq, senechal de Soulans :

D'or, à une roue de gueules coupée d'azur à un puis d'argent.

41. — N..., femme de Joseph MAUCLAIR, écuier, S. de Marconnay :

De sable, à trois feuilles de laurier d'or posées, 2. 1.

42. — GABORY, Louis, bourgeois de la Garnache :

De sinople, à trois gabions d'or posés 2. 1.

43 bis. — DE RIVAUDEAU, N..., écuier et N... sa femme :

D'azur, à une rivière d'argent mise en fasce : accolé de sable à une rivière fondée d'or mise en barre.

44. — Desnois, N... bourgeois de la Chapelle-Hernier :

De gueules, coupé d'or, à un noyer de sinople brochant sur le tout.

45. — Pajot, N... procureur et notaire à Jard :

D'argent, à trois chevrons rompus de sinople.

46. — Bourmand, N..., procureur et notaire à Jard :

D'or, à une fontaine de gueules coupée d'azur à un coq d'or.

47. — Malteste, Louis, bourgeois du lieu de Tallemont.

D'or, à un bust de carnation posé de profil, le front tortillé d'un bandeau d'argent ensanglanté de gueules.

48 bis. — De la Cantinière, Hector, et N... sa femme :

D'argent, à trois flaccons de gueules posées 2. 1. : accolé de gueules coupé d'or à un flaccon d'argent, brochant sur le tout.

49. — N...., femme d'André d'Aviers, écuier S. de Chandolans .

D'azur, à cinq billettes d'or posées 1. 2. 2.

50. — N..., femme de Jean Robert, écuier S. de Beaufossé :

De sable, à cinq coquilles d'argent posées 3. 1. 1.

51. — De Taillefer Des Chasteigniers, N.., fille, d^elle :

D'or, à une enclume d'azur, rompue par le milieu.

52. — De Roze, Jean Jacques, bourgeois du lieu de la Chaulme :

D'argent, à une fasce gueules accompagnée en pointe de trois roses de sable posées 2. 1.

53. — Cet article n'est ici tiré que pour mémoire, attendu que c'est un double employ à l'art. 47, cy-devant.

54. — Robert, André, procureur des traites au bureau de Jard :

Comme à l'art. 10. cy-devant.

55. — Guignard, Maturin, S. de la Cour :

De gueules, à trois fasces d'or, chargées chacune d'une guigne de sable.

56. — N..., femme de N... de la Voix :

D'argent, à une fasce de sinople chargée de trois macles d'or.

57. — Morisson, Robert, bourgeois du lieu de Lesguillon :

Comme cy-devant art. 36.

58. — Forgereau, Jacques, bourgeois du lieu de Peaux :

D'or, à deux enclumes de sable mise sen fasce.

59. — N..., femme de Gilles Marchand :

De gueules, à trois bandes d'argent, celles du milieu chargée d'un renard de gueules.

60. — N..., femme de Jacques Joubert, ecuier, sieur de la Cour :

D'azur, à quatre pals d'or et une fasce de sable brochant sur le tout.

61. — De Montauzier, N... Dam^{elle} :

De sinople, à une montagne d'argent.

62. — De la Boislinière, N..., D^{elle} :

De sable, à un bois de cerf d'or, et un chef d'argent.

63. — N..., femme de Louis Gabriel Buord, ecuier S. de la Chevallerie :

De gueules, à un sautoir écartelé d'argent et d'azur.

64. — Coursault, N., avocat en Parlement :

De sinople, à un lièvre d'argent courant en bande.

65. — Joussemet, Christophe, bourgeois des Fosses Chalom :

D'or, à trois lions d'azur contournés, posés 2. 1.

66. — Girard, Louis, ecuier S. de la Marettière et N..., sa femme :

D'azur, à un écusson gironné d'or et de gueules :, accolé de sable à un lion argent, lampassé, armé et couronné d'azur.

67. — Tingui, Elisabeth-Henriette, femme de François Baudin, ecuier, sieur de la Boucherie :

D'argent, à une cloche d'azur couchée en face.

68. — N..., femme de Louis Thomasset, ecuier, S. de la Boissonnière :

D'or, à un lion de gueules accroupi sur une terrasse de sinople.

69 bis. — De Buor, N..., écuier, sieur de la Coquetière et N.., sa femme :

De sable, à un beuf d'or contourné : accolé de gueules à une fasce d'argent.

70. — DE LA PANNERIE, N..., bourgeois du lieu de Dampierre :

De vair, à une bordure de sable.

71. — N..., femme de François de LA FOREST, ecuier S. de la Tomazerie :

D'argent, à une bande d'azur chargée d'un massacre de beuf d'or.

72. — N..., femme d'Alexis GUERY, ecuier, S. de la Jarie.

D'or, à une barre de sinople chargée de trois annelets d'argent.

73 bis. — BUOR, Victor, ecuier Sieur des Mortiers et N... sa femme.

Comme cy-devant, art. 69 accolé de même.

74. — DES ROCHETTES, N...

D'argent, à cinq rochers de sable posés 2. 3.

75. — N..., femme dé N... de BEAUREGARD DE LA ROCHEFOUCAULT :
De sable, à six besans d'or posés 3. 1. 2.

76. — N..., femme de Mathurin de LA ROCHEFOUCAULT, ecuier S du Breüil :

De gueules, à une fleur de lis épanouie d'or.

77. — DAVISSEAU, N.,. procureur à la Roche-sur-Yon :

D'or, à une fleur de lis épanouie de gueules.

78 bis. — DE LESCORSSE, feu N.., ecuier seigneur de Beaurepaire, N... sa veuve :

D'azur, à un tronc d'arbre ecoté d'or posé en barre : accolé de sinople, mantelé d'argent et un chef de sable.

79. — N..., femme de N... de la Jarie.

D'azur, à trois fasces d'or et deux pals de sable brochant sur le tout.

Enregistré à Paris, le 2 décembre 1701.

SENDRAS.

ARMORIAL GÉNÉRAL DE FRANCE

GÉNÉRALITÉ DE POITOU

MAULÉON

SUIVANT L'ORDRE DU REGISTRE 1ᵉʳ

21, 22. — CHARBONNEAU DE LA CHASSERIE de St-Simphorien, Alexis, gentilhomme, et Gabrielle Brigide, DESCOUBLEAU DE SOURDIS, son épouse :

D'azur, à trois écussons d'argent posés 2 et 1, accompagnez de dix fleurs de lis d'or, une en cœur et les autres neuf en orle, qnatre, deux, deux et une; acolé de party d'azur et de gueules à une bande d'or brochante sur le tout.

73. — De GASTINAIRE, Marie Magdellaine, veuve de Charles Gabriel du TREHAUT :

D'azur, à deux os de mort d'argent mis en sautoir et accompagnez de quatre fleurs de lis d'or.

Enregistré à Paris, le 13 aout. 1700.

SENDRAS.

MAULÉON

1. — De La Bourie Massoteau, N.. procureur du Roy en l'élection de Mauléon :

D'argent, à un croissant de gueules en chef, deux roses de même posées en fasce, et en pointe un las d'amour aussy de gueules.

2. — Engevin, Cléophas, Sieur du Coudray, conseiller du Roy, et receveur des tailles de l'électiou de Mauléon.

D'argent, à un chevron de gueules accompagné en chef d'un croissant en acosté de deux étoiles et en pointe d'un arbre, le tout de gueules.

3. — Cicoteau, Alexis, Sieur de la Martinière, conseiller du Roy, lieutenant civil en l'élection de Mauléon :

D'azur, à une croix pattée d'argent cantonnée de quatre bezans de même, à la bordure cousüe de gueules, chargée de six étoiles d'argent.

4. — Gilbert, Jacques, Sieur de la Goussière, président du depost de la ville de Mauléon :

D'argent à un chevron de gueules accompagné en chef de deux étoiles d'azur et en pointe d'un vol de même.

5. — De Fontaine, feu Pierre, bourgeois de Mauléon, suivant la déclaration de Françoise Pommeraye, sa veuve :

D'argent, à un cœur navré de deux flèches passées en sautoir de gueules, accompagnées en pointe d'un croissant d'azur surmonté d'une étoile de même.

6. — Goupil, Louis, S. du Vivier, fermier :

D'argent, à un cœur de gueules, percé de deux flèches de sable, accompagné en chef de deux étoiles d'azur et en pointe d'un L et d'un G de sable.

7. — Daniel, Louis, procureur en l'élection de Mauléon :

D'argent, à un lion de gueules sommé d'une croisette de même.

8. — Bouteiller, Joseph, docteur en médecine :

D'argent, à un pélican avec sa piété de gueules.

9. — Fuzeau, Christophle, procureur et notaire à St Jouin de Mauléon :

D'azur, à un chevron d'or accompagné de trois roses d'argent 2 en chef et 1 en pointe.

10. — JOUAULT, Henry, controleur des exploits et fermier des greffes de la baronnie de Mauléon :

D'argent, à trois abeilles de sable 2 et une.

11. — A expliquer plus amplement :

12. — GIRARD, Joseph, prestre curé de Ste Mélanie de Mauléon :

D'or, à une croix ancrée de sable accompagnée de trois merlettes de même deux en chef et une en pointe, et un chef d'argent chargé d'un croissant de gueules accosté de deux mouchettes d'hermines de sable.

13, 14. — A expliquer plus amplement :

15. — THIBAULD, Pierre, sénéchal de Mauléon :

De gueules, à une fleur de lis d'or en cœur accompagnée en chef de deux molettes d'argent et en pointe d'une croisette de même.

16. — HAY, Emery, notaire de la baronnie de Mauléon :

D'azur, à un chevron d'or, accompagné de trois roses d'argent deux en chef et une en pointe.

17. — A expliquer plus amplement.

18. — THOMAS, Adrian, S. de la Forests, conseiller du Roy, président en l'élection de Mauléon :

De gueules, à trois cimeterres d'argent soutenus de trois mains de même deux en chef et un en pointe.

19. — A expliquer plus amplement.

20. — SAUCBAU, Charles, conseiller du Roy et son procureur au dépost à sel de Mauléon :

D'azur, à un chevron d'or accompagné de trois coquilles d'argent deux en chef et une en pointe.

21, 22. — A expliquer plus amplement.

23, 24. — Du PLANTIS, Pierre, chevalier, baron du Laudreau, et Renée JOUSSEAUME son épouse :

D'or, freté de sable, écartelé d'argent à une croix fleurdelisée d'aznr et sur le tout de sable à deux léopards d'or l'un sur l'autre, accolé de gueules à trois croix pattées d'argent deux et une, et une bordure d'hermines.

25 his. — Du Chassault, Claude et Marie de la Roche St-André, son épouze :

De sinople, à un lion d'or, couronné et lampassé de gueules acolé de gueules à trois roquets d'or deux et un.

26. — D'Escoubleau de Sourdis, Jacques Hiacinthe, gentilhomme :

Parti d'azur et de gueules, à une bande d'or brochante sur le tout.

27. — De La Roche-Saint André, Louis Gilles, lieutenant de vaisseau du Roy :

De gueules, à trois roquets d'or 2 et 1.

28. — Le Maignen, Louise, dame du fief de l'Isle :

De gueules, à une bande d'argent chargée de trois coquilles de sable.

29. — Grelier, Cézar, escuier, S. des Rolandières :

D'argent, à deux roses de gueules en chef et une fleur de lis de sable en pointe.

30. — Gazeau de la Brandanière, Louis Pierre, chevalier, seigneur de la Couperie :

D'azur, à un chevron d'or accompagné de trois trèfles de même deux en chef et un en pointe.

31. — Du Verger, Marie Anne, veuve de N. du Fresne Chabot :

De sinople, à une croix de pourpre chargée d'une coquille d'argent, et cantonnée de quatre autres coquilles de même.

32. — Scarion, Suzanne, veuve d'Antoine de La Haye Montbault, escuier, sieur de la Seurie :

D'or, à trois bandes d'azur et un chef d'hermines.

33. — De Fontaine, Guy, S. des Fauchetières :

D'argent, à un cœur percé de deux flèches passées en sautoir de gueules, surmonté d'une étoile d'azur et soutenu d'un croissant de même.

34. — A expliquer plus amplement.

35. — De La Barre, Elie, escuier, Seigneur de la Coutardière :

D'azur, à trois fasces d'argent.

36, 37. — Dauzy, Louis, escuyer, seigneur de St-Romans et de la Bonnelière, et Louise Céleste Voyer, son épouse :

D'azur, à trois fasces d'or, acolé d'argent à un aigle à deux testes de sable.

38. — LEBAULT, Jean, escuier, S. de Grezeau :

D'argent, à deux aigles de sable en chef et un cerf passant au naturel en pointe.

39. — DES NOUES, Gabriel, escuier, Sieur de la Normandelière :

De gueules, à une fleur de lis d'or.

40. — MESNARD, Christophle, escuier, seigneur Desgazons :

D'argent, fretó d'azur.

41. — De LA VAUD, Robert, greffier en chef de l'élection de Mauléon :

D'argent, à une fasce de sinople accompagnée de trois lozanges de même deux en chef et un en pointe.

42. — GEOLLEAU, Jacques, escuyer, S. de la Bertinière, garde du Corps de S. A. R. Monsieur :

D'azur, à un chevron d'argent accompagné en chef de deux étoiles de même et en pointe d'un croissant surmonté d'une rose aussi d'argent.

43. — CICOTTEAU, Jean-Baptiste, conseiller du, Roy lieutenant criminel de l'élection de Mauléon :

D'azur, à une croix pattée d'argent cantonnée de quatre besans de même et une bordure de gueules chargée de six étoiles d'argent.

44. — A expliquer plus amplement.

45. — De BOISON, Marie Madeleine :

De gueules, à trois fasces d'argent.

46. — ROUAULT, Charles, Gédéon, escuier, Sieur du Brignon :

De sable, à deux léopards d'or l'un sur l'autre.

47. — A expliquer plus amplement.

48. — ROYRANT, Charles Elie, escuier, sieur de la Roussière :

D'azur, à une tête de buffle d'or accompagnée de trois étoiles de même, deux en chef et une en pointe.

49. — De LESPINAY, Samuel, escuyer, sieur de la Ruffelière :

Comme cy-devant art. 55 du bureau des Sables.

50. — A expliquer plus amplement.

51. — De l'Espinay, Samuel Florent, escuyer S. de la Rocheboulogne :

De même que cy-dessus 49.

52. — De l'Espinay, Jacob, escuyer, S. de Villiers :

Aussy de même.

53. — Saudelet, Charles, escuier, S. du Retail :

D'argent à un arbre sec et sans feuilles de sable, contre lequel rampe un lion au naturel.

54. — A expliquer plus amplement.

55. — Le Roy, Guy, escuier, S. de la Vigerie :

De sable, à un lion d'argent armé, couronné et lampassé de gueules, et un chef d'argent chargé de trois roses de gueules boutonnées d'or.

56. — Girard, Eusèbe, escuyer, S. de Beaurepaire :

D'argent, à trois chevrons de gueules.

57. — Poyand, Paul, notaire de la baronnie de Mauléon :

D'azur, à un cœur d'or enflammée de gueules, accompagné en chef de deux étoiles d'or, et en pointe d'un croissant d'argent.

58. — Gazeau, Charles, escuier S. du Plessis :

Comme cy-devant art. 30.

59, 60. — A expliquer plus amplement.

61. — De Maurgis, Marguerite Julienne, veuve de Charles Mesnard, baron de Châteauvieu :

D'or, à six annelets de sable trois, deux et un.

62. — Theronau, René, escuyer, Seigneur de la Pypiniere :

De gueules, à une fasce d'argent accompagnée de trois bezans de même deux en chef et un en pointe.

63. — Mesnard, feu François, escuyer, Seigneur des Dessentet, suivant la déclaration de Marie Vinet, sa veuve.

D'argent, à trois porcs épis de sable deux et un.

64. — Le Bœuf, Claude, escuyer, sieur des Moulinets :

D'argent, à un aigle à deux testes de sable bequé et membré de gueules.

65. — De Reortais, Louis Germain, escuyer, S. de St-Hilaire :

Comme cy-devant, art. 14, bureau des Sables.

66. — A expliquer plus amplemenr.

67, 68. — De Crux, Gabriel, Antoine, chevalier, seigneur marquis de Cruzet de Montaigu, et Françoise de St-Martin, son épouze :

Ecartelé au premier et quatrième d'azur, à deux cotices d'argent, accompagnées de sept coquilles de même une en chef, trois en bande posées entre les deux cotices et trois en pointe posées en demi orle ou une et deux : au 2 et 3 d'argent a trois chevrons de gueules, accolé de gueules à une tour d'argent massonnée de sable, la porte et les fenestres d'azur.

69. — Le Roux, Jean, de la Roche des Aubiers :

Gironné d'argent et de sable de huit pièces.

70. — De la Guérinière, Anne, dame de Bessay :

D'azur, à un chevron d'or accompagné de trois croissants de même deux en chef et un en pointe.

71. — De Lescorie, Charles, escuier, sieur de La Sivetière :

D'azur, à trois fleurs de lis d'argent deux et une et un coutelas de même posé en bande entre les fleurs de lis.

72. — Du Trehant, Claude Philippe :

Gironné de sable et d'argent de douze pièces.

73. — A expliquer plus amplement.

74. — Chabot, Suzanne, dame d'Escoulandres.

D'or, à trois chabots de gueules, deux en chef et un en pointe.

75. — Le Beuf, escuier, sieur de La Noüe St-Martin :

De même que cy-devant art. 64.

76. — Buor de la Lande, Gabriel :

D'argent, à trois coquilles de gueules posées 1 et 2, et un canton senestre d'azur.

Enregistré à Paris, le 20 mars 1699.

SENDRAS.

MAULÉON.

SUIVANT L'ORDRE DU REGISTRE 1er.

77. — A expliquer plus amplement.

78. — SAVARY, Jean, ecuyer, sieur de La Bedoutière :

D'argent, à une croix de gueules et une bordure de pourpre chargée de neuf tourteaux de gueules.

79. — DE MONTSORBET, Isac, ecuier, sieur de La Bralière :

D'azur, à trois pattes de lion d'or deux et une.

80. — DE ROBTAYS, Louis Gabriel, escuyer, Seigneur des Touches :

D'argent, à trois fleurs de lis de gueules deux et une, et une bordure de sable chargée d'onze bezans d'or.

82. — LE ROUX, Louis, ecuyer, Seigneur des Mottes :

D'azur, a un lion d'or, couronné, lampassé et armé de gueules.

83. — BAUDRY D'ASSON, Esprit, ecuyer, Sieur du dit lieu :

D'argent, à trois fasces d'azur.

83. — ARNAUD, François, sieur de la Piardière, avocat en parlement :

D'azur, à trois étoiles d'or, deux en chef et une en pointe et un croissant de de même mis en cœur.

84. — BELLEAU, Jacques, gentilhomme :

D'azur, à trois bourdons d'argent rangez en pal celui du milieu surmonté d'une étoile d'or et accompagnez de trois molettes d'argent deux aux flancs et une en pointe.

85. — DE CADIE, Alexandre, écuyer, seigneur de Richebourg :

D'azur à deux lions affrontez d'or et un chef d'argent chargé de deux merlettes de sable.

86. — A expliquer plus amplement :

87. — AVICE, Louise, veuve de Jean de LA VARENNE, ecuyer, sieur du Plessis Beaumanoir :

De geules, à trois pointes de diamans d'argent deux et une.

Enregistré à Paris, le 3 juillet 1700.

SENDRAS.

MAULÉON.

47. — De Raugues, Antoine, ecuyer, S. de Raugues :

D'azur à trois armets ? d'or, deux en chef et une en pointe et 3 étoiles de même, une en chef et deux en pointe.

59. — Richelot, Jean, ecuyer, S .de Verrie :

D'or à un aigle à deux testes de sable et une barre de gueules brochant sur le tout.

Enregistré à Paris, le 13 aout 1700.

SENDRAS.

MAULÉON.

11. — Corbier, David, S. de La Gataudière, receveur alternatif des tailles de l'élection de Mauléon :

D'or, à un chevron de geules accompagné de trois corbeaux de sable, deux en chef et un pointe.

13. — Charier, Jacques, curé de S. Jean Sous Mauléon :

De gueules, à une fasce d'argent surmontée d'une étoile d'or.

14. — Bechet, Pierre, receveur des aydes de l'élection de Mauléon :

De gueules, à quatre fusées d'argent posées en fasce,

17. — Dubocq, François, commis aux aydes :

D'or, à un arbre de sinople sur une terrasse de même accosté de deux étoiles de gueules,

19. — Denis, Nicolas, sieur de Corollière :

D'azur à un mouton d'argent et un chef cousu de gueules de trois étoiles d'or.

34. — Lores, René, curé de S. Aubin de Baubigny :

D'azur, à une croix patriarchale d'argent écartelée de gueules à une tour d'or .

44. — Saint-Martin, N... :

D'or, semé de billettes d'azur.

54. — Dusson, Charles, ecuyer, sieur de Greze :

De sinople, à une bande d'or, chargée de 3 roses de gueules.

60. — Richelet de Reortais, Renée :

D'azur, à un sautoir d'argent accompagné de quatre bezans de même.

Enregstré à Paris, le 15 février 1700.

SENDRAS.

MAULÉON.

SUIVANT L'ORDRE DU REGISTRE 1".

86. — De Berte, Marie, Anne, femme de N. de Richebourg :

D'argent, à trois cœurs de gueules.

Enregistré à Paris, le 26 novembre 1700.

SENDRAS.

MAULÉON.

SUIVANT L'ORDRE DU REGISTRE 1".

86 jusques et compris 100. — A expliquer plus amplement.

101, 102. — De Ramberville, Charles Joseph, et Charlotte Durcot, sa femme :

D'azur, à une fasce d'argent, accompagnée de trois glands d'or, les tiges en bas deux en chef et un en pointe ; accolé d'or, à trois pommes de pin de sinople 2 en pointe et 1 en chef.

103 jusques et compris 109. — A expliquer plus amplement.

110. — Tutault de la maisonneuve, Renée :

De sable, à trois fasces ondées d'argent.

111. — De la Brivière, N..., veuve de N... de Grange, ecuier, S. de la Bigottière :

De sinople, à trois chabots d'argent posés en pal, 2 en chef et 1 en pointe

112 jusques et compris 134. — A expliquer plus amplement.

135. — Le Corps des officiers de l'Election de Mauléon :

De gueules, à un loup d'argent lampassé et armé d'or et une bordure d'hermine avec cette inscription autour : Election de Mauléon.

136 jusques et compris 142. — A expliquer plus amplement.

143. — Suzanne, Marie, Anne, femme de M. Vauzay, ecuier, S. de Tinguy :

D'azur, à trois merlettes d'argent, 2 en chef et 1 en pointe.

144, 145, 146, 147, 148. — A expliquer plus amplement.

149 bis. — Prevost, Antoine, ecuier, S. de la Javellière et Cidane Le Moulain, sa femme :

D'argent, à trois hures de sanglier, arrachées de sable, 2 en chef et 1 en pointe ; accolé d'azur à une bande d'argent, accompagnée en chef de deux étoiles et en pointe d'un croissant de même.

150 jusques et compris 160. — A expliquer plus amplement.

161. — Corneille, N..., prestre prieur, seigneur des Landes Jaussain :

Ecartelé au 1er et 4e d'or, à un chevron de gueules, accompagné en chef de deux molettes de même et en pointe d'une corneille de sable ; au 2 et 3 d'azur, à un sautoir dentelé d'or, accompagné de 4 pigeons de même.

162 jusques et compris 186. — A expliquer plus amplement.

187. — Des Herbiers de l'Etauduère, femme de N... de Sou-
lainne :

De gueules, à trois fasces d'or.

188, 189. — A expliquer plus amplement.

190 bis. — Du Vau, Henry, ecuier, S. de Chavagne et Marie Françoise Griffon, sa femme :

D'azur, à deux aigles éployés d'or en chef et un dragon volant de même en
pointe, accolé de même.

191 jusques et compris 199. — A expliquer plus amplement,

200. — Mousseau, Claude, sénechal de Tissanges :

D'argent, à un arbre arraché de sinople.

201. jusques et compris 215. — A expliquer plus amplement.

216 bis. — De Chevigné, Pierre, S. de La Limonnière et Marie
Philotée Regnier, sa femme :

D'azur, à quatre fusées d'or, pometées de même, aux deux extrémités et
posées en fasce ; accolé d'azur à trois coquilles d'argent posées 2 et 1.

217 jusques et compris 238. — A expliquer plus amplement.

239 bis. — Gazeau de la Braudasnière, Pierre, ecuier, S. du
Ligneron et N. de S. Fulgent, sa femme :

D'azur à un chevron d'or accompagné de trois trèfles de même, 2 en chef et
1 en pointe, accolé de gueules à un lion d'argent, la queue passée sous le ventre et retroussée sur le dos.

240 bis. — De St Fulgent, N..., D^{elle} :

De St Fulgent, N.., D^{elle} :

De gueules, à un lion d'argent ayant la queue passée sous le ventre et retroussée sur le dos.

241. — A expliquer plus amplement.

242. — N... femme de Césard Ghelier, ecuier, Sieur des Rollan-
dières :

D'argent, à un aigle éployé de sable

243. — N... femme de Jacques Lespinay, ecuier, Sieur de Vil-
lers :

D'azur, à trois croisettes d'or bordées de sable, 2 en chef et 1 en pointe.

244, 245. — A expliquer plus amplement.

246. — GUÉRY, Louis, écuier, Sieur de Beauregard, et Marie GAZEAU sa femme :

D'azur, à trois bezans d'or, 2 en chef et un en pointe, accolé d'azur à un chevron d'or accompagné de trois trèfles de même, 2 en chef et 1 en pointe·

247, 248, 249, 250. — A expliquer plus amplement.

251. — CICOTTEAU, Charlotte, femme de Claude LEBEUF, écuier, S. de la Noüe St Martin :

D'azur, à une croix pattée d'argent cantonnée de quatre besans de même et une bordure de gueules chargée de six étoiles d'argent.

252 jusque et compris 270. — A expliquer plus amplement.

271 — N... femme de René BAUDRY, écuyer, S. du Chatelier :

De gueules à une bande d'argent chargée de trois crosilles de sable.

272. — THIBAULT, Jean, Sieur de La Pinière de Beaurepaire :

De gueules, à une fleur de lis d'or accompagnée en chef de deux molettes d'argent et en pointe d'une croix de même.

273 jusques et compris 285. — A expliquer plus amplement :

286 bis. — BRUNEAU, Gabriel, écuier, S. de La Foye et Anne TERRONNEAU, sa femme :

D'argent, à sept merlettes de sable, trois en chef, trois en fasce et une en pointe ; accolé d'azur à une barre d'argent.

287. — TERRONNEAU, Anne, damoiselle de la Brossardière :

D'azur, à une barre d'argent.

288 jusques et compris 303. — A expliquer plus amplement.

304. — N... femme de Charles de L'ECORCE, écuier, S. de la Civetière :

De gueules, à une bande d'argent chargée de trois croisilles de sable.

305, 306, 307, 308. — A expliquer plus amplement.

309. — JOUSSEAUME DE LA BERTECHE, Caterine, femme d'Esprit BAUDRY D'ASSON :

De gueules, à trois pattes d'argent, 2 en chef et 1 en pointe, et une bordure d'hermines.

310, 311, 312. — A expliquer plus amplement.

313. — BAUDRY D'ASSON, Renée, veuve de N. DE PUIMAIN :

D'azur, à trois fasces d'argent,

314 jusques et compris 327. — A expliquer plus amplement.

328. — DE CHASSAULT, Magdelene, femme de Claude TREHAU, ecuyer, seigneur de Hallay :

De sinople, à un lion d'or, couronné lampassé et armé de gueules.

329 jusques et compris 336. — A expliquer plus amplement.

337. — GERMAIN, Renée, veuve de Daniel MOREAU, S. de La Rabinière :

D'or, à un lion de gueules.

338. — GAZEAU DE LA BRANDASNIÈRE, feu René, ecuier, S. de Puiravau de la Boissière, suivant la déclaration de N. sa veuve :

D'azur, à un chevron d'or, accompagné de trois trèfles de même, 2 en chef et 1 en pointe.

339 bis simple, 339. — A expliquer plus amplement.

SUIVANT L'ORDRE DU REGISTRE 2ᵉ

1ᵉʳ jusques et compris 26. — A expliquer plus amplement.

Enregistré à Paris, le 9 décembre 1702.

SENDRAS.

MAULÉON.

SUIVANT L'ORDRE DU REGISTRE 1ᵉʳ.

De l'état du........ 1701.

141. — TINGUY, Henry, ecuier, S. de Boisbertran :

D'azur, à quatre fleurs de lis d'or cantonnées.

160. — TINGUY, Marie Céleste, femme de N... de LA ROUSSIÈRE ROYRAN :

De même.

Enregistré à Paris, le 9 décembre 1701.

SENDRAS.

___

MAULÉON

___

SUIVANT L'ORDRE DU REGISTRE 1er.

107. — GUERY, Henry, curé de la paroisse de St-Chistophe du Bois :

D'or, à un chevron d'azur accompagné en chef de deux étoiles de même et en pointe d'un écusson d'azur.

115. — ARNAUDET, Suzanne, femme séparée de biens de Jean LE BEAU, ecuier, S. de Grezeau :

De gueules, à un lion d'or, surmonté de quatre étoiles d'argent.

117. — RICHELOT, Anne, Dlle de la VERRIE :

De gueules, à un aigle éployé de vair.

118. — PARENT, Marin, ecuier :

PARENT, Jean-Baptiste, ecuier :

PARENT, Damien, ecuier :

D'argent, à un aigle éployé de sable, couronné, bequé et onglé d'or.

119. — GAYNEAU, feüe Charlotte, femme de Charles Gazeau, ecuier, S. du Plessis :

De gueules, à un St-Louis d'or.

125. — N....., femme de L'ESPINAY, ecuier S. de la Raffelière :

D'azur, à une barre d'argent chargée d'un vol d'épervier de sable et accompagnée de deux molettes d'argent, 1 en chef et 1 en pointe.

128. — SOUCHER, Bonaventure, femme de Philippe LE BŒUF, ecuier, S. des Moulinets de Ste Cécile :

De gueules, à un lion d'argent.

162 bis. — MESNARD, feu Louis, ecuier, S. des Gazons, suivant la déclaration de N. de LA HAYE DE MONTBAULT, sa veuve :

D'argent, frotté d'azur, accolé d'azur à un croissant d'argent accompagné de six étoiles mises en orle de même.

173. — CHAUVIÈRE, Charles, procureur fiscal de Mortagne :

De gueules, à un chevron d'or accompagné en chef de deux étoiles de même et en pointe d'un oiseau d'or tenant dans son bec un herisson de châtaigne de même.

174. — CHAUVIÈRE, Jean, sieur de la Pagerie, greffier de Mortagne :

D'or, à trois roses de gueules posées 2 et 1, parti d'azur à un chevron d'argent surmonté de trois étoiles de même et accompagné en pointe d'une linote d'argent.

208. — ALLARIE, Pierre, marchand bourgeois des Essards :

D'argent, à un lion passant de sable surmonté de deux moucheures d'hermines de même.

229. — BOIXON, Claude, S. des Rollières des Herbiers :

D'or, à un aigle eployé de gueules.

230. — BOIXON, Charlotte, d^lle de Sanxay des Herbiers :

Comme à l'art. 229 cy-dessus.

238. — EPINASSEAU, Renée, veuve de N. de CHAMPMARY, bourgeois de St-Hilaire de Loulay :

De sinople, à un chevron d'or accompagné de trois étoiles d'argent 2 en chef et 1 en pointe.

260. — N....., femme de N.., DE LECORCE, ecuier, S. de la Bergerie :

D'azur, à un croissant d'argent accompagné de cinq étoiles d'or posées 3 en chef et 2 en pointe.

265. — DE MONSORBIER, N... fille dame du dit lieu :

D'azur, à trois pattes de griffon d'or posées en bande 2 et 1.

268. — BURAULT, Catherine, veuve de Michel GROLLEAU, senechal de la Seguinière :

D'argent, à un cœur de gueules percé de deux flèches d'or passées en sautoir à travers du cœur et accompagné de trois étoiles de sable, 2 en chef et 1 en pointe.

274. —N..., veuve de Jacques SAVARY, ecuier, S. de la Bedoutière :

D'argent, à neuf tourteaux de gueules mis en orle.

277. — DE LIRIS, Jean, ecuier S. de Fontenay :

D'argent, à trois lances de gueules mises en pal surmonté d'un arc en
ciel ou demi cercle d'azur, et un chef de gueules chargé d'un chevron d'or.

284. — D'HILLERAIN, Pierre, S. de la Bourie de Mortagne :

De gueules, à trois roses d'argent posées 2. et 1.

285. — DU RANGOT, de St Christophe du Bois, N..., D^{elle} :

D'azur, à une croix engrelée d'or.

Enregistré à Paris, le 16 décembre 1701.

SENDRAS.

MAULÉON.

SUIVANT L'ORDRE DU REGISTRE 1er

de l'état du 20 mars 1699.

50. — TINGUY, Daniel, écuier Sieur de Boulette :

D'or, à un chef de gueules, chargé d'une cloche d'argent.

66. — TINGUY, Abraham, ecuier, Sieur de Vauzay :

De même.

De l'état du 8 juillet 1700.

77. — De Gatinaire, Olivier, ecuier, S. de la Papinière :

D'azur, à deux os de mort, d'argent passés en sautoir.

———

De l'état du 9 décembre 1701.

88. — Charbonneau, Jean, Pierre, ecuier Seigneur de Lestang :

D'azur, à trois écussons d'argent posez deux et un.

94. — De Gatinaire, Jeanne, femme de Christophe Mesnard, chevalier, seigneur des Gazons :

D'azur à deux os de mort d'argent passez en sautoir.

144 bis simple. — N... femme de Henry Tinguy, ecuier :

De gueules, à une croix alaisée d'or, cantonnée de 4 trèfles d'argent.

254. — De Goulaine, N..., femme de Hélie de La Barre, écuier, Sieur de Bazouge :

De sable à un lion naissant d'argent.

274 bis simple. — Savary, feu Jacques, ecuier Sieur de la Bedoutière :

D'argent, à une savatte de sable.

300 bis. — Charbonneau, Armand, Jean, chevalier, Seigneur de Forlevyere, et René Bucharey, sa femme :

D'azur, à trois écussons d'argent posez 2. 1., acolé de gueules à un grifon d'or.

314 bis. — Linger, Joseph, écuier, Sieur de la Vilmere et Madelaine de Goulaine, sa femme :

D'argent, à une fasce fuzelée de gueules accompagnée de huit mouchetures d'hermines de sable 4 en chef et 4 en pointe; acolé de sable à un lion naissant d'argent.

Enregistré à Paris, le 15 février 1709,

SENDRAS.

———

MAULÉON.

89. — BREDION, Jean, prestre curé de St-Aubin en Tissanges :

D'argent, à une brebis de sable.

90. — LEFEVRE, Antoine, greffier des rolles de la paroisse de St-Aubin :

D'or, à une fasce de gueules chargée d'un porte crayon d'or.

91. — LEFEVRE, René, greffier des rolles de la parroisse de Bazoges :

De même.

92. — JOUSLIN, Jean, senechal des Essars :

De gueules, à 6 besans d'or posées 2. 3. 1.

93. — N......, veuve de N.. MERLANT DES HERPRAIS :

D'azur, à 9 billettes d'argent posées 2. 4. 3.

95. — MARIN, Marie Anne, femme de Louis GOUMON DE REORTAIS, écuier S. de St-Hilaire :

De sable, semé d'étoiles d'argent et de billettes d'or.

96. — PAPINEAU, Gilles, Greffier des rolles de la paroisse de la Boissière :

De sable, semé d'étoiles d'or et de billettes d'argent.

97. — BRUNEAU, Charlotte, femme séparée de biens de N. d'Escars DE MERVILLLE, vicomte de la Rabatelière :

D'or, semé d'étoiles d'azur et de billettes de gueules.

98. — HERSANT, Urban, Sieur du Chaumet de la Copechanière :

D'or, semé d'étoiles d'azur et de billettes de même.

99. — CHEDANEAU, Jacques, maître apotiquaire à Brouzils :

D'or, semé d'étoiles d'azur et de billettes de sinople.

100. — LAIGNEAU, Pierre, greffier des rolles de la paroisse de Mortagne :

D'or, semé d'étoiles d'azur et de billettes de sable.

103. — Ayrault, Louis, docteur en médecine à Mortagne :

D'or, semé d'étoiles de gueules et de billettes d'azur.

104. — Bourguillault, Ambroise, bourgeois de la ville de Mortagne :

D'or, semé d'étoiles de gueules et de billettes de même.

105. — Camus, Mathieu, bourgeois de la ville de Mortagne :

D'or, semé d'étoiles de gueules et de billettes de sinople.

106. — Morin, Philippe, notaire royal à Mortagne :

D'or, semé d'étoiles de gueules et de billettes de sable.

108. — Loyseau, André, greffier alternatif des rolles de la paroisse de Lurans :

D'or, semé d'étoiles de sinople et de billettes d'azur.

109. — Chancelier, Jacques, senechal des Essarts :

D'or, semé d'étoiles de sinople et de billettes de gueules.

112. — Allais, Louis, notaire royal à Mortagne :

D'or, semé d'étoiles de sinople et de billettes de même.

113. — Chauvière, Claude, notaire de la baronnie de Mortagne :

D'or, semé d'étoiles de sinople et de billettes de sable.

114. — Gallard, Jean, M^d bourgeois, du lieu de la Verrie :

D'or, semé d'étoiles de sable et de billettes d'azur

116. — Simon, Jacques, aubergiste à Mortagne :

D'or, semé d'étoiles de sable et de billettes de gueules.

120. — Fournier, René, notaire aux Essarts :

D'or, semé d'étoiles de sable et de billettes de sinople.

121. — N......, veuve de Honnoré Strastour, apotiquaire aux Essarts :

D'or, semé d'étoiles de sable et de billettes de même.

122. — Crusseau, Louis, de la Tresovalle :

D'argent, semé d'étoiles d'azur et de billettes de même.

123. — Retailleau, Jacques, prestre curé de la Verrie :

D'argent, semé d'étoiles d'azur et de billettes de gueules,

124. — La communauté des apoticaires et autres de la ville de Mortagne :

D'argent, semé d'étoiles d'azur et de billettes de sinople.

126. — Cousseau, René, prestre curé de St Martin Carre :

D'argent, semé d'étoiles d'azur et de billettes de sable.

127. — Morin, Henry, aubergiste, aux Herbiers :

D'argent, semé d'étoiles de gueules et de billettes d'azur.

129. — Rochelet, Henry, greffier des rolles de la parroisse de Chavagnes :

D'argent, semé d'étoiles de gueules et de billettes de même.

130. — Boisson, Gabriel, notaire à Vanerines :

D'argent, semé d'étoiles de gueules et de billettes de sable.

131. — Maillocheau, Louis, notaire à Rochetrejou :

D'argent, semé d'étoiles de gueules et de billettes de sable.

132. — Vinet, Pierre, Sieur de la Vollière, bourgeois de la Rochetrejou :

D'argent, semé d'étoiles de sinople, et de billettes d'azur.

133. — Vinet, N..., bourgeoise de Rochetrejou :

D'argent, semé d'étoiles de sinople de billettes de gueules.

134. — Bernier, Pierre, prestre prieur de la Petite Boissière :

D'argent, semé d'étoiles de sinople et de billettes de même.

136. — Genay, Louis, greffier des rolles de la paroisse de Boulogne :

D'argent, semé d'étoiles de sinople et de billettes de sable.

137. — Grolleau, Pierre, senechal de Chambertaut :

D'argent, semé d'étoiles de sable et de billettes d'azur.

138. — Moreau, Jean, huissier à Mauléon :

D'argent, semé d'étoiles de sable et de billettes de gueules.

139. — Guichet, Jacques, Md bourgeois de St Provay :

D'argent, semé d'étoiles de sable et de billettes de sinople.

140. — Griffon, René, greffier alternatif des rolles de Bazoges :

D'argent, semé d'étoiles de sable et de billettes de même.

141. — Bousseau, Jean, Sieur de la Cholletière :

D'azur, semé d'étoiles d'or et de billettes d'argent.

142. — Baudry, Pierre, Mᵈ de toile à St Laurens :

D'azur, semé d'étoiles d'argent et de billettes d'or.

145. — N... veuve de Nathaniel Majou :

De gueules, semé d'étoiles d'or et de billettes d'argent.

146. — Normandin, Jean, S. de la Tollière :

De gueules, semé d'étoiles d'argent et de billettes d'or.

147. — Cousseau, Louis, S. de Blevre :

De sinople, semé d'étoiles d'or et de billettes d'argent.

148. — Broot, Louis, marchand bourgeois de St Christophe du Bois :

De sable, à un broc d'argent contourné.

150. — Merlant, Jean, S. de Rozay, de Ste Cécille :

De sinople, à un merlan d'argent.

151. — Piet, Noël, docteur en médecine, à Ste Cécille :

D'azur à un pied d'homme d'argent.

152. — Chaigneau, Gilbert, Mᵉ Chirurgien à Ste Cécille :

De gueules, à trois chaines d'or, mises en bande.

153. — N.... veuve de Georges Guilbaut, bourgeois de Ste Cécille :

D'argent à deux fasces d'azur accompagnées en cœur d'un lion passant de sable.

154. — Pennineau, Isaac, Mᵈ bourgeois de Sigournay :

De gueules, coupé d'argent à une croix d'or brochant sur le tout, peronné de trois marches à chaque bout.

155. — Heurtault, Hélie, sieur de la Boislinière de la Roche-trejou :

D'or, à un heurtoir de porte d'argent.

156. — Pean, Jean, notaire à Mauléon :

De gueules, à un paon rouant d'or.

157. — GUERRY, Jacques, lieutenant de la milice bourgeoise de Tiffauges :

D'argent, à une guérite de gueules.

158. — FERCHAUT, Pierre, Sieur de la Saulaye, bourgeois de St-Christophe-du-Bois :

D'or, coupé d'azur, à un fer de cheval de gueules brochant sur le tout.

159. — N....., veuve de N... FERCHAUD, marchand de sel à Mortagne :

D'argent, à trois fleurs de lis échiquetées de gueules et d'or posées 2. 1.

163. — N....., veuve de la CHERPRAIS, bourgeois des Landes :

D'or, à un arbre renversé de gueules.

164. — N...., veuve de Pierre GABORIAU, S. de la Thudière : bourgeois des Landes :

De sable, à un chevron dentelé d'or, renversé.

165. — ARNAUDEAU, Pierre, greffier des rolles de la parroisse de St-Fulgent :

De sinople, à un renard d'or courant en bande.

166. — GUILLEREAU, Pierre, bourgeois de la ville de Mauléon :

De sable, à neuf quilles d'argent posées en pal, 3. 3. 3.

167. — BOUSSEAU, Auguste, S. de la Boulle de S. Michel de Montmaleux :

D'azur, à une boussole d'argent.

168. — N......, veuve de N..., de LA VERNAYE, bourgeois de S. Michel de Montmaleux :

D'argent, à sept rustres de sinople posés 3. 1. 3.

169. — MARTINEAU, Laurent, notaire en la parroisse de Trazauvet :

D'or, à quatre marteaux de sable contrepointés en croix.

170. — BOURDACHEAU, Jean, S. du Cháron, bourgeois de S. Hilaire en Mortagne :

D'or, à deux bourdons d'azur passés en sautoir.

171. BERGERON, Michel, notaire à S. Hilaire en Mortagne :

De sable, à une houlette d'or emmanchée de gueules, posée en pal.

172. — BOUILLAUD, François, bourgeois du lieu des Herbiers :

D'or, à une marmitte de sable.

175. — RETAILLEAU, Catherine, veuve de Simon CHAUVIÈRE, bourgeois de la ville de Mortagne :

Taillé parti et retraitté de gueules et d'argent.

176. — BOISSEAU, Pierre, bourgeois du lieu des Epesses ;

D'azur, coupé d'argent, à un boisseau d'or brochant sur le tout.

177. — D'HILLERAIN, S. de la Volinière, bourgeois du lieu des Epesses :

De sinople, à une bande d'or chargée de cinq tourteaux d'azur.

178. — LHOMEDE DE LA BAROTTIÈRE, René, prieur des Epesses :

De gueules, à six lozanges d'argent posés 1. 3. 2.

179. — GRELET, Claude, procureur fiscal de la justice de la Merlatière :

De sable, à trois fasces engrelées d'or.

180. — GOYNEAU, Catherine, damoiselle de la Boissellette, fille majeure :

D'azur, à un cigne d'argent parti de même à un lion de gueules,

181. — MOREAU, Jacques, Md à Mortagne :

D'or, à une teste de Maure de sable, couronnée d'argent.

182. — N...., veuve de N. CHOLLET, Md à St-Christophe du Bois :

D'argent, à onze billettes de gueules posées 4. 4. 2. 1.

183. — ESCHASSEREAU, René, prestre curé seigneur de la Gaubertière :

De sinople, à deux échasses d'or mises en pal.

184. — FRADIN, Jean, aubergiste aux Herbiers :

De gueules, à un arbre d'argent et un lion d'azur passant sur le fust et brochant sur le tout.

185. — BARITAUT, Louis, notaire et greffier des rolles de la parroisse des Herbiers :

D'argent, à un baril de sable, accosté de deux plumes de même le tout posé en pal.

186. — GERMAIN, Gaston, M^d bourgeois des Herbiers :

De gueules, à un oignon d'argent germé de sinople.

188. — CHESNEAU, Mathurin, greffier des rolles de la paroisse de la Gaubertière :

D'or, à un chesne de sinople, accompagné en chef de deux glands de même.

189. — CHESNEAU DE LA BARANGRIE, bourgeois de la Gaubertière :

De même.

191. — N...., veuve de N.. BOURASSEAU, notaire à Eurunes :

D'azur, à trois toupis d'argent posées 2. 1.

192. — La communauté des Marchands d'étoffe, fer et autres de la ville de Mortagne :

D'or, à une aune de gueules, mise en pal, et un chef de même chargé d'une balance d'argent.

193. — La Communauté des Boulangers, Bouchers et autres de la ville de Mortagne :

D'or, à un massacre de gueules accompagné en chef de deux tourteaux de même.

194. — La Communauté des Pintiers, Tailleurs et autres de la ville de Mortagne :

De sinople, à un pot d'argent, deux ciseaux de même en chef.

195. — La Communauté des Maréchaux, Menuisiers, Charpentiers, Tisserans et autres de la ville de Mortagne :

De gueules, à un fer de cheval d'argent et deux compas d'or en chef.

196. — SUZANNEAU, Louis, greffier des rolles de La Merlatière :

D'azur, à un agneau d'or surmonté d'un croissant d'argent.

197. — PROUST, René, notaire à St-Denis La Chevasse :

De sable, à un pal d'or, accosté de deux pièces de vair de même.

198. — GODET, Jeanne, veuve de François CHATELET, greffier des rolles de Tiffauges :

D'azur, à un pal d'argent, accosté de deux pièces de vair de même.

199. — Huslin, Jean, l'aîné, S. de la Boissière, notaire à Tiffauges :

D'or, à une hure de sanglier de sable contournée et mise en barre.

201. — Huslin, René, greffier des rolles de la parroisse de Tiffauges :

Comme cy-devant art. 199.

202. — N...., veuve d'André Pottier, Md bourgeois des Herbiers :

D'azur. à trois lions d'or contournés posés 2 et 1.

203. — N...., femme de René Theronneau, écuier, S. de la Piniere :

De sable, à une gerbe d'argent et deux billettes d'or en chef.

204. — Gedu, René, S. de la Sensrie, apoticaire aux Herbiers :

De gueules, à une gerbe d'or surmontée d'un croissant renversé d'argent.

205. — Hay, Jacques, Md aux Herbiers :

De sinople, à une haye d'or et un chef de même.

206. — Baudry, René, ecuier, sieur du Château d'Asson de St-Martin Lars :

De gueules, à un baudrier d'argent.

207. — Amyaut, Jacques, Marchand bourgeois des Herbiers :

D'argent, à un lévrier de sable rompant.

209. — Pinezeau du Pasquier, Md bourgeois des Herbiers :

D'or, à trois pommes de pin de sinople mises en bande.

210. — Blanchard, Jean, Md bourgeois des Herbiers :

Lozangé d'or et de gueules à un cigne d'argent.

211. — Morant, Luc, Md à Ardelay :

De sinople, à une teste de mort d'argent mise en abisme.

212. — Morant, Mathurin, marchand bourgeois d'Ardelay :

De même.

213. — Rousseau, N.., S. du Chatelier :

De sable, à une roüe d'or soutenue d'une rivière d'argent mise en fasce.

214. — Roulleau, Jacques, notaire à Champertaut :

De gueules, à un roulleau de patissier d'or.

215. — N....., femme de N.. de Ranguet, ecuier, S. des Chartres :

D'argent, à une croix tréflée d'azur.

217 bis. — De Chevigny, N.. écuier, S. de la Surie, et Margueritte Favre, sa femme :

De sable, à une perle d'argent accostée de deux macles d'or : accolé d'argent et trois perroquets de sinople contournés et posés 2. 1.

218. — Huet, André, notaire à Chavagne :

D'or, à un loup de sable, surmonté d'une coquille d'azur.

219. — Basty, Christophe, notaire à Chavagne :

D'argent, à un bastion de gueules massonné de sable.

220. — Gourvaud, S. de la Bonnelière :

D'or, à un pal d'azur, fretté d'argent accosté de deux merlettes de sable.

221. — Blanchet, Marie, veuve de Pierre Nicolas, bourgeois de Chavagne :

De sinople, coupé d'or, à une licorne d'argent brochant sur le tout.

222. — Gaby, Anne, cy-devant veuve de Jacques Bourasseau, et à présent, femme de Robert Bodineau, bourgeois des Herbiers :

D'or, à un gabion de gueules.

223. — Davillaud, Jean, greffier des rolles du bourg de Lebergemont :

D'azur, à un davier de chirurgien d'argent.

224. — Ayraut, Jacques, Md bourgeois du bourg des Herbiers :

D'or, à un vol d'aigle échiqueté de sinople et d'argent.

225. — Merlant, Joachim, notaire aux Essarts :

Comme cy-devant art. 150.

226. — N......, femme de N.. Richelot, écuier, sieur de la Verrie :

D'or, à un pairle de gueules accosté de deux tourteaux de sinople.

227. — Huslin, Jean, le jeune, bourgeois de Tiffauges :

Comme cy-devant art. 199.

228. — Puyblonc, Réné, bourgeois de Tiffauges :

D'azur, à un puis d'argent, et un chef échiqueté d'or et de gueules de trois traits.

231. — MERLANT, Louis, sieur de la Maisonneuve :

Comme cy-devant art. 150.

232. — N....., veuve de Jacques BENOIST, bourgeois de St-Fulgent :

De gueules, à un bénitier d'or.

233. — MERLET, André, greffier alternatif des rolles de la paroisse de St-Provan :

D'or, à 9 merlettes d'azur posées 2. 3. 2. 2.

234. — BREVET, Pierre, senechal de Sigournay :

D'argent, à une fasce de gueules chargée d'une billette d'argent.

235. — N... veuve de Louis ISAMBERT, bourgeois de Sigournay :

D'or, à un chef de sable, chargé de trois molettes d'or.

236. — MAJOU, Samuel, S. de Grandchamp, bourgeois de Sigournay :

De gueules, à une rose d'or, accompagnée en chef de deux rocs d'échiquier d'argent.

237. — SOULLEAUD, Daniel, S. de Laffaire, Md à Sigournay :

D'azur, parti d'argent à un soulier de sable brochant sur le tout.

241. — BRUNELIÈRE, Pierre, greffier des rolles de la paroisse de St-Hilaire de Loulay :

D'or, à trois prunes d'azur tigées et feuillées de sinople posées 2, 1.

244. — ROUSSEAU, René, notaire à Bovain :

Comme cy-devant art 213.

245. — VRIGNAUT, Louis, greffier des rolles de la paroisse de Mormaison :

D'or, à une rivière d'azur en fasce, surmontée de deux flammes de gueules.

247. — NOCAU, René, notaire à Rocheservière :

De sinople, à un lac d'amour d'or.

248. — MILLET, Jacques, greffier des rolles de la paroisse de Rocheservière :

De sinople, à trois épis de millet d'or posés 2. 1.

249. — Bousseau, Louis, sieur de Lalande, bourgeois des Herbiers :

Comme cy-devant art. 167.

250. — Ledeuf, feu François, écuier, S. de St-Martin :

De gueules, à un beuf d'or.

252. — N . . . veuve de Jacob Marchegay, bourgeois de Sigournay :

D'argent, à un cheval gay de gueules.

253. — Ollivier, Jean, bourgeois de Sigournay :

D'or, à un olivier de sinople, fruité d'argent.

255. — N. . . . veuve de Daniel Braudon, bourgeois de Ste-Cécile :

D'azur, à une fasce d'or accompagnée en chef de deux pots de même.

256. — Merlant, N. . ., S. des Ovillières, bourgeois de Ste-Cécile :

Comme cy-devant art. 150.

257. — De Goyon, feu N. . écuier S. de La Coulandre :

De gueule, à une oye d'argent.

258. — Chaisgneau, François, bourgeois de Ste-Cécile :

Comme cy-devant art. 152.

259. — Rondeau, René, greffier des rolles de la paroisse du Bas St-Léger :

D'or, à un anneau de gueules.

261. — Cherbonnel, François, à St-Hilaire de Loulay :

De sable, à quatre cœurs enflammés d'or, appointés en cœur et mis en croix.

262. — N. . . . . , veuve de N. Reynier, Sieur de la Petitière :

D'or, à trois roses de sinople tigées et feuillées de gueules posées 2. 1.

263. — De La Varenne du Plessis, feu N., de la Merlatière :

De gueules, à un flacon d'or et un chef de vair.

264 bis. — De La Varenne, feu Henry, écuier, S. de la Chalonnière et N. . . . sa veuve :

De même, accolé de sable à un chevron d'or dentelé d'azur.

266. — N....., veuve de N. LAURENS, greffier des rolles de St-Denis :

D'argent, à un chevron de gueules engrelé de sable.

267. — MOSSON, André, maître chirurgien à Boulogne :

Tranché et retranché d'argent de gueules et de vair.

269. — GABARD, Louise, veuve de René BARAILLEAU, S. des Loges :

D'or, a trois gabions de sable p osés 2. 1.

270. — SOUCHÉ, René, Sieur de la Chalounière, bourgeois du bourg des Herbiers :

De sable, à une souche de bois d'argent écotée et couchée en fasce.

273. — GIRARD, Jacques, notaire à Soligny ;

Gironné, d'or et d'azur, coupé d'argent.

275. — JAMET, Antoine, bourgeois d'Aubigny :

De sable, à une fleur de jasmin d'argent, tigée et feuillée de sinople.

276. — FRAPIER, David, S. de Landreau, bourgeois d'Aubigny :

D'argent, parti d'azur, à un heurtoir de porte de sable brochant sur le tout.

278. — MASSON, Paul, bourgeois d'Aubigny :

De sinople, à une truelle d'argent.

279. — CAVOLLEAU, Nicolas, senechal de Rocheservière :

De gueules, à un cheval d'argent nageant dans une rivière de même.

280. — DU LANDREAU, Ciprien, greffier des rolles de la paroisse de St Hilaire de Loulay :

D'or, à un pal d'azur, accosté de deux chenets de sable.

281. — POITEVIN, Pierre, greffier des rolles de la paroisse de Montegu :

D'or, à un bouclier d'azur, chargé d'une teste de méduse d'argent.

282 bis. — DE LESPINAY, Samuel, ecuier, S. de Lespinay et René VION, sa veuve :

D'or, à trois couronnes d'épines de sable, posées 2. 1. : accolé d'azur à un sep de vigne d'or.

283. — BROSSEAU, Pierre, notaire royal à Mauléon :

De sinople, à une brosse d'argent.

288. — RAYE, Jude, greffier des rolles de la parroisse de Montegu :

D'azur, à un tigre d'argent, rayé et tacheté de sable.

289. — BOUHET, Pierre, sergent royal à St Hilaire de Loulay :

De gueules, à un tour d'argent, accompagnée en chef de deux boules d'or.

290. — DENIS, Claude, S. de Lhommelière :

D'argent, à un sautoir de sable cantonné de 4 roues de même.

291. — GRASSET, René, Md bourgeois du Puy St Bonnet :

De sable, à un porc d'argent, et une bordure componnée de sinople.

292. — RAMPILLON, Mathurine, veuve de Jean GRASSET Md bourgeois du Puy St Bonnet :

D'or, à un lion de gueules, rempant sur un arbre de sinople.

293. — THIERRIOT, Jacques, lieutenant de Milice, bourgeois de Montegu :

Tiercé en barre d'or d'azur et d'hermines.

294. — BARAILLAUD, N.., S. du Planty, bourgeois de La Guyonnière :

De sable, a trois barres d'or.

295. — DUGAST, Jean, notaire à St Hilaire de Loulay :

D'or, à un tourteau de sable, chargé d'une fleur de lis d'argent.

296. — BADREAU, René, S. de la Marche; bourgeois de St Hilaire de Loulay :

Baré de sable et d'or de 6 pièces, à un aigle de gueules brochant sur le tout.

297. — La communauté des marchands de Draps et autres de la ville de Mauléon :

D'argent, à deux aunes de gueules mises en fasce.

298. — La communauté des Maréchaux, Serruriers, Armuriers, et autres de la ville de Mauléon :

De sable, à trois marteaux d'argent posés en fasce l'un sur l'autre.

299. — De LA HAYE-MOMBAUT, de St Aubin, N..., de Baubigné :

De gueules, à une haye d'or, mise en fasce.

301. — TROTIN, Jacques, greffier des rolles de la parroisse de Lebergemont :

D'or, à un cheval de gueules, les deux pieds droits levés.

302. — N......, veuve de François JOSLIN, greffier des rolles de la paroisse de Bovain :

D'azur, à un soleil d'argent accompagné en chef d'une jumelle d'or.

303. — BLANCHET, Pierre, notaire et greffier de Montegu :

Comme cy devant art. 221.

305. — VEXIAU, N..., S. de la Sausaye, bourgeois des Herbiers :

D'argent, à un aigle éployé d'azur.

306. — NAUDET, Charles, bourgeois des Herbiers :

D'or, à trois mouchetures d'hermines de sable posées en bande 2. 1.

307. — GUIBERT, René, receveur des traites au bureau de Lebergement :

De gueules, à une mouchetures d'hermines d'argent posée en barre.

308. — JAHAN, Louis, maître apotiquaire à Mortagne :

Tranché de sinople et d'argent coupé sur parti de gueules et d'or.

310. — BERTHE, René, sieur du Sablon de Sigournay :

De sable à 11 bezans d'argent posés 4. 3. 2. 2.

311. — BERANGER, Jean, greffier de la paroisse de St-Provay.

D'azur à onze besans d'or posés 4. 3. 2. 2.

312. — N..... veuve de N. BÉRANGER bourgois de Ste Cecile :

De même.

315. — BELLOUARD, René, conseiller du Roy, président en la jurisdiction des traites de Montégu :

D'or, à deux lambels de cinq pendants de gueules, l'un sur l'autre.

316. — BELLOUARD, N.. receveur des traites au bureau de Montegu :

De même.

317. — BOUSTEAUD, Margueritte, veuve de N. BELLOUARD, S. de la Guyonnière :

Comme cy-devant art. 167.

318. — PAYNEAU, Nicolas, greffier des rolles de la paroisse de Bauffier :

D'argent, à quatre fasces de gueules.

319. — THOUMAZEAU, Pierre, notaire à St Hilaire de Loulay :

D'or, à une toupi d'azur.

320. — LHOMÈDE, Pierre, Sieur des Granges, Bourgeois de St Hilaire en Mortagne :

De sable à une lozange écartelée d'or et de gueules.

321. — BARITTAUT, David, notaire royal aux Herbiers :

Baré d'or et de sinople de 6 pièces à un baril de sable brochant sur le tout.

322. — CHADONNEAU, Pierre, S. des Marais, bourgeois du lieu des Herbiers :

De gueules, à une rivière d'argent mise en fasce chargée d'un chat d'argent nageant.

323. — BODINEAU, François, greffier de la jurisdiction des Herbiers :

De gueules, à une bordure d'or, chargée de six étoiles de sable.

324. — PAUL, Esprit, notaire à Mortagne :

De sable, à un sabre d'argent la poignée d'or mise en bande.

325. — CORBIÈRE, Pierre, sieur de La Coussay de Beaurepaire :

D'azur, à corbillon d'or.

326. — CORBIÈRE, Jean, le jeune :

De même.

327. — DU PAS, Jean, sieur des Brières :

De gueules, à un pal d'or chargé de trois aiglons de sable.

328. — FILLASTRE, Jean, senechal de Royé :

De sinople à un lion d'argent et une filière d'or.

330. — N.... veuve de N. GEBIN, notaire à la Chapelle Palluau :

D'argent, à un orle componné d'or et d'azur.

LAURIER, Claude, S. de la Veronnière, Senechal de Pal-

De gueules, à cinq feuilles de laurier d'or, posées en sautoir.

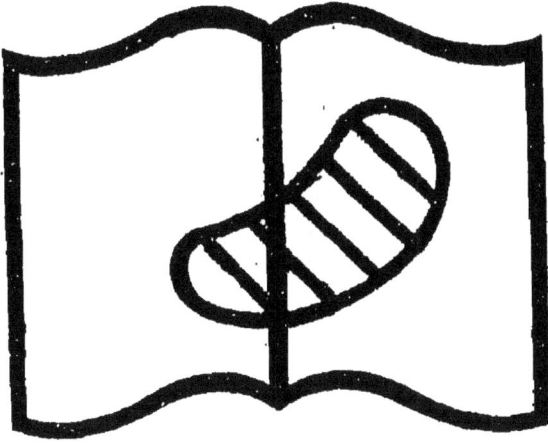

Illisibilité partielle

VALABLE POUR TOUT OU PARTIE DU
DOCUMENT REPRODUIT

332. — JOUASNEAU, Jacques, sergent à la Chapelle Palluau :

D'or, à trois testes d'ane arrachées de gueules posées 2. 1.

333. — SAVIN, Jacques, docteur en médecine à la Chapelle Palluau :

Lozangé de sinople et d'or, chaque lozange d'or chargée de deux pals de sable.

334. — BRARDIN, Louis, greffier des rolles de la parroisse de la Chapelle-Palluau :

De gueules, à un bras d'or mis en pal.

335. — MORIVEAU, Jacques, greffier des rolles de la parroisse de Palluau :

D'argent, à une tige de chardon de sinople, accosté de deux testes de more de sable.

336. — MORISSON, Ollivier, M^d de drap, bourgeois de Palluau :

D'argent, à une épée haute de gueules, accostée de deux testes de more de sable.

338 bis simple. — N...., veuve de René GAZEAU DE LA BRANDASNIÈRE, ecuier, S. de Puyraveau de la Boissière :

D'or, à une macle d'azur, accompagnée en chef de deux macles de sable

339. — BARDEAU, Jules, Procureur fiscal de Montegu :

De sable, à un mulet d'argent.

SUIVANT L'ORDRE DU REGISTRE 2e.

1. — BAUDRY D'ASSON, Pierre, Claude, ecuyer S. de la Bissonnière :

De gueules, à un baudrier d'or.

2. — DU RAQUET, de Beauséjour, N.., fille D^lle :

De sinople, à une raquette d'or.

3. — MESNARD, feu N.., ecuier, S. de Touchepres :

D'argent, à une bande de gueules chargée de cinq lozanges d'or.

4. — BUET, Charles, S. des Aubretières :

De sable, à un bouc d'or contourné.

5. — PETIT, DU CHASTELIER DE MONBAULT, Anne, D^{lle} :

De sinople, à un chef d'argent, chargé de trois fourmis de sable.

6. — ARMAND, Daligre de St Lyé, ecuyer :

De gueules, à un sautoir d'argent, cantonné de quatre alerions de même.

7. — PORTEAU, N.., S. de la Fraisière, procureur fiscal de Palluau :

D'azur, à une porte d'or.

8. — DE LA GUERINIÈRE, Henry, ecuier :

De gueules, à un guéridon d'or.

9. — DE BEAUREPAIRE, N..., d^{lle} :

De sinople, à 7 billettes d'or posées 3. 1. 3.

10. — BAUDRY, Renée, veuve de N. de PUYMAIN, ecuier

Comme cy-devant, art. 1er.

11. — BARBOT, Louis, sieur de la Petitière, commissaire examinateur :

De sable, à une croix barbée d'argent.

12. — DU VERGER DE LAROCHEJAQUELIN, feu M... :

D'azur, à une roche d'or, surmontée d'une merlette de même.

13. — BEAU, Renée, veuve de N.. VION, sieur de Rocheneuve :

D'argent, à un bœuf d'azur rampant.

14. — N....., femme de N... SAUDELET, ecuier, S. du Retail :

De gueules, à une fasce barrée d'or et de sable de huit pièces.

15. — La Communauté des Marchands d'étoffes, draps, laines, Mariers ?, Pelletiers, Chirurgiens et Apotiquaires de Tiffauges.

De sinople, à une aulne d'argent mise en fasce.

16. — La Communauté des Boulangers, Bonnetiers, Celliers, Bastiers, Tanneurs, Tisserands, Tailleurs d'habits, Chapeliers, Maréchaux, Serruriers, Menuisiers, Massons et Pintiers de Tiffauges :

D'argent, à cinq tourteaux de gueules mis en croix.

17. — BOISSON, Catherine, femme de Gédéon ROUAULT, ecuier, S. de Bignon :

De sable, parti d'argent à un boisseau d'or brochant sur le tout.

18 bis. — GABORIN, Charles, ecuier, sieur de Belleville, et Marie TARDIVELLE, sa femme :

De gueules, à un gabion d'argent, accolé de sable à une tortue d'or.

19 bis. — BERTHET, N.., ecuier, S. de la Bouchelière et N..... sa femme :

De gueules, à douze billettes d'argent posées 4. 4. 3. 1. ; accolé d'argent douze billettes de gueules posées 4. 4. 3. 1.

21. — Le Corps des officiers de la juridiction des Gabelles de la ville de Mauléon :

D'or, à douze billettes d'azur posées 4. 4. 3. 1.

22. — N....., veuve de N.. GUIRAULT, ecuier, Sieur de La Ri cherie :

De sinople, à douze billettes d'or posées 4. 4. 3. 1.

23. — DE LA VARANNE DE BEAUMANOIR, N.., d°. :

D'argent, à une bande de vair.

24. — N...., femme de N. GAZEAU, ecuier, Sieur de la Couprie :

D'or, à un lion naissant, échiqueté d'argent et de gueules.

25. — MAÇON, N..., procureur fiscal des Essarts :

De sinople, à une truelle d'or.

26. — BAUDRY, N.., écuier, S. de la Brossardière :

Comme à l'article 1er cy-devant.

Enregistré à Paris, le 2 décembre 1701.

SENDRAS.

ARMORIAL GÉNÉRAL DE FRANCE

GÉNÉRALITÉ DE POITOU

PARTENAY.

SUIVANT L'ORDRE DU REGISTRE 1ᵉʳ.

1. — OLIVIER, Jean, procureur fiscal de Partenay :

D'argent, à trois olives de sinople avec leurs feuilles les tiges en haut posées deux et une.

2. — La Ville de Partenay :

Burelé d'argent et d'azur, de dix pièces à une bande de gueules brochant sur le tout.

3. — PICAULT, Michel, bailly de Partenay :

D'argent, à une face d'azur accompagnée en chef de trois trèfles rangées de sable et en pointe d'un lion passant de même.

4. 5. — OLIVIER, Josias, Charles, maire de Partenay et Louis OLIVIER :

Comme cy-devant art. 1ᵉʳ.

6. 7. 8. — CHABOISSEAU, Pierre, capitaine de la milice bourgeoise; CHABOISSEAU, Jacques, avocat ducal :

CHABOISSEAU, François, avocat :

D'or à trois chabots de gueules, deux et un.

9. — Guischard, Charles, escuier, seigneur d'Orfeuille :

D'argent, à trois testes de lion de sable arrachées et lampassées de gueules et couronnées d'or posées deux et une.

10. — D'Escoubleau de Sourdis, Charlotte, veuve de Jacques Bernar Sauvestre de Clisson:

Comme cy-devant art. 26 de Mauléon.

11, 12. — A expliquer plus amplement.

13. — Chasteignier, N... Seigneur de Tenissac.

D'or, à un lion passant de sinople lampassé et armé de gueules.

14. — Demerat, François, escuier, S. du Coudray :

D'or, à un chevron d'azur accompagné de trois têtes de paon de même, 2 en chef et 1 en pointe.

15. — Courtinier, Pierre, escuier, S. de la Milanchère :

De gueules, à six annelets d'argent, posez trois, deux et un, surmontez de rois fers de lance de même rangez en chef, les pointes en bas.

16. — Delaporte, François, escuier, S. de Villevenne :

De gueules, à un croissant d'argent chargé de cinq mouchetures d'hermines de sable.

17. — Simonneau de Mauzay, feu N. sur la déclaration de N.... sa veuve :

De sinople à un lion d'or.

18. 19. — A expliquer plus amplement.

20. — Bouvin, René, escuier S. du Plessis :

De sable à une croix dentelée d'argent.

21. — Legier, Pierre, Louis, escuier, S. de la Sauvagère :

D'argent, à trois roses de gueules boutonnées d'or posées deux et une.

22. — Guischard, Henriette, d'Orfeuille :

D'argent, à trois testes de lions de sable, couronnées d'or, lampassées et arrachées de gueules mal ordonnées.

23, 24. — De Guignard, Jacques, escuier, S. de La Salle :

De sable, à trois chevrons d'argent chargez chacun de trois mouchetures d'hermines de sable.

De Guignard, André, escuier, S. de La Salle :

De même.

25. — Ogeron, Pierre, escuier, S. de la Fombertière:

D'azur, à un cor de chasse d'argent, accompagné de trois macles de même posées deux en chef et une en pointe.

26. — CLAVIER, Jacques, escuier, S. de Lescis :

D'azur, à quatre clefs d'or, posées en croix et liées en cœur de même par leurs anneaux.

27. — DE LINAX, Louis, escuier, S. de La Roche-Javelle :

De gueules, à trois roquets d'argent, posez deux en chef et un en pointe.

28. — LEBAULT, Charles, escuier, S. de la Grange :

D'argent, à un cerf contourné au naturel, passant sur une terrasse de sinople.

29. — VIDARD, Pierre, escuier, S. de Mommarquelin. :

De gueules, à six flèches d'argent, ferrées de sable, trois en chef posées en pal et en sautoir et trois en pointe rangées en pals.

30. — DE LINAX, Adrien, escuier, S. de la Pallière :

De gueules à trois roquets d'argent posez deux et un.

31, 32. — A expliquer plus amplement.

33. — MAISNARD DE LA FORTINIÈRE, feu N.., suivant la déclaration de Françoise de CHAMBES, sa veuve :

D'argent, à une hure de sanglier de sable éclairée et défendue d'argent.

34. — GUISCHARD DE GOURGÉ, Jacob, d'Orfeuille :

Comme cy-devant art. 22.

35. — GUICHARD, Jacques, S. de Chaselier :

De sinople, à trois fleurs de lis d'or deux et une, brisé en cœur d'un baton de gueules racourci et pris en bande.

36. — DARROT, Jacques Claude :

Comme cy-devant art. 316 du bureau de Fontenay.

37. — PATUREAU, Louis, S. du Fief de Tarlan :

De sinople, à trois beliers passans et contournez d'argent, posez deux et un.

38. — CLAVIER, N..., escuier, Sieur de la Rouselière :

D'azur, à quatre clefs d'or posées en croix, liées en cœur par leurs anneaux de même.

39. — LA TOUR, N..., dame de la Chambaudière :

De sinople, à un chef d'or.

40. — Cacault, Jacques, de St-Pardou :

De gueules, à trois œufs d'argent posez deux et un surmontez de deux étoiles d'or.

Arrêt rendu à Paris, le 20 mars 1699.

SENDRAS.

PARTENAY.

SUIVANT L'ORDRE DU REGISTRE 1ᵉʳ.

41, 42, 43, 44, 45, 46, 47, 48, 49, 50. — A expliquer plus amplement.

Arrêt rendu à Paris, le 3 juillet 1700.

SENDRAS.

PARTENAY

SUIVANT L'ORDRE DU REGISTRE 1ᵉʳ.

11. — Baudouin, Nicolas, avocat à Partenay :

D'argent, à un cœur de gueules enflamé de même, accosté de deux palmes de sinople, les tiges passées en sautoir, accompagné en chef de 2 étoiles de gueules.

12. — Roy, Zacarie :

D'azur, à un chevron d'or surmonté de 3 étoiles de même rangées en chef et accompagné de trois croissants d'argent, posez 1 à chaque flanc et un en pointe, celuy-cy surmonté d'une croisette pattée d'or.

Arrêt rendu à Paris, le 13 août 1700.

SENDRAS

PARTENAY

SUIVANT L'ORDRE DU REGISTRE 1ᵉʳ.

18. — De Belleville, Jacques Philippe, écuyer, S. de Richemont :

Gironné de vair et de gueules de dix pièces.

19. — Chevalier de Lortange, Madeleine :

D'azur, à un chevron d'or accompagné en pointe d'un aigle de même.

31. — De Lauzon, François, ecuyer, Sieur de Chaumeil :

D'azur, à une cloche d'argent bataillée d'or et un chef d'or chargé de trois croisettes de gueules.

32. — Guymon, Marie, veuve de N. Duplessis écuyer :

D'azur, à une croix engrelée d'argent.

Arrêt rendu à Paris, le 13 août 1700.

SENDRAS

PARTENAY

SUIVANT L'ORDRE DU REGISTRE 1ᵉʳ

41. — Compant, Louis, Sieur de la Tour Girard :

De gueules, à une tour d'argent massonnée de sable.

42. — La communauté des Sargetiers, Drapiers, faiseurs de Drogues et Teinturiers de Partenay :

D'azur, à une aune d'argent marquée de sable, posée en pal, adextrée d'une navette d'or aussi en pal et senestrée d'une paire de force de même.

43. — N....., veuve de N. Jousselinière :

D'azur, à six besans d'or posez 3. 2. 1,

44. — La Communauté des Marchands Merciers, Gantiers et Potiers d'étain d'Airvault.

De gueules, à une aune d'argent, marquée de sable posée en fasce, accompagnées en chef d'une balance d'or et en pointe d'un pot d'étain au naturel à dextre et d'un gant à senestre d'argent.

45. — La Communauté des Tisserans et Cordonniers d'Airvault :

De sable, à une navette d'or posée en pal à dextre et un tranchet d'argent à senestre.

46. — La Communauté des Chirurgiens d'Airvault :

D'azur, à un rasoir ouvert en pal d'argent, adextré d'une spatule de même et senestré d'une lancette d'or.

47. — La Communauté des Tanneurs, Corroyeurs, Cordonniers et Bottiers d'Airvault :

De sable, à un couteau de Tanneur d'argent emmanché d'or, posé en pal, adextré d'une roue d'argent garnie de son moyeu d'or et senestrée d'un paquet de cordes de même.

48. — La Communauté des Charpentiers, Menuisiers, Massons et Tonneliers d'Airvault :

D'azur, à un rabot d'or, posé en fasce, surmonté d'un maillet de même à dextre, et d'une truelle d'argent, emmanchée d'or, à senestre et accompagné en pointe d'un barril de même, posé sur son cul.

49. — La Communauté des Sargetiers d'Airvault :

De gueules à une navette d'argent posée en fasce, la bobine garnie de sable.

50. — Turquand, Philippe :

D'azur, à trois lions d'or, 2, 1.

Arrêt rendu à Paris, le 26 novembre 1700.

SENDRAS.

PARTENAY

SUIVANT L'ORDRE DU REGISTRE 1er

51 jusques et compris 103. — A expliquer plus amplement.

Arrêt rendu à Paris, le 1er juillet 1701.

SENDRAS.

PARTENAY

SUIVANT L'ORDRE DU REGISTRE 1er

51. — La Communauté des Marchands Merciers et Epiciers de la ville de Partenay :

D'argent, à une balance d'azur.

52. — Billault, Jean, M^d bourgeois de la ville de Partenay :

D'or, à un écusson d'azur, semé de billettes d'or.

53. — LA COMMUNAUTÉ des cordonniers de la ville de Partenay :

D'argent, à trois souliers de sable, posés 2, 1.

54. — BOISMENEST, Jean, notaire en la paroisse d'Airvault :

De gueules, à un bois de cerf d'or.

55. — MAUPAS, Pierre, notaire en la paroisse d'Airvault :

D'argent, à trois pals de sable et un chef d'azur.

56. — AUGRON, Renée, fille bourgeoise de la ville de Partenay :

D'or, à un aigle d'azur.

57 — THOMAS, François, prieur du Bois d'Alonné, Bonnoré et chasses ses annexes :

De sinople, à un lion d'argent.

58. — GUILLOU, Guy, m^d bourgeois de la ville de Partenay :

De sable, à trois cœurs d'or posés en bande.

59. — RAMBAULT, Paul, marchand Teinturier à Partenay :

De gueules, à trois cœurs d'argent, posés en barre.

60. — GUILLOU, Mathurin, hoste à Partenay :

Comme cy-devant art. 58.

61. — SEUSSET, Pierre, M^d à Parthenay :

D'argent, à une fleur de lis de gueules.

62. — N...., veuve de N.. PAIN, marchand bourgeois de la ville de Partenay :

D'or, à une fleur de lis de sinople.

63. — N...., veuve de N.. CHARTIER de Lhoumois :

De sable, à une tulipe d'or

64. — DE LINAX, Marie, de Relligay, damoiselle :

D'azur, à un amphistre d'argent.

65. — BOIDIN, Anne, veuve de N. CHARTIER, greffier des rolles de la paroisse de Mouzay :

D'argent, à un chat de gueules.

66. — BOIDIN, Antoine, cy devant greffier de Partenay :

De même.

67. — Bourun, Pierre, prestre curé de la Chapelle Bertrand :

De sable, à deux chevrons componnés d'azur et d'argent.

68. — Le Chapitre de l'église collégiale de Ste-Croix de la ville de Partenay :

D'argent, à une croix d'azur.

69. — Larivaut, Renée, veuve de N. Jousseaume, bourgeois de Partenay :

D'or, à une hure de sanglier de sinople.

70. — Le Boitas, Jean, Md fermier à Chalandray.

De gueules, à une béquille d'or.

71. — Gaillot, Jean, notaire à la Boissière.

D'argent, à un lion échiqueté d'azur.

72. — Forgeau, René, de la Ferrière.

De gueules, à un enclume mi coupé d'argent et d'azur.

73. — Augron, Etienne, avocat au siège royal de Partenay:

Comme cy devant art. 66

74. — Boidin, Marie, veuve de N.... de Lignie, bourgeois de Partenay :

Comme cy devant art. 65.

75. — Allonneau, François, chirurgien à la Boissière-en-Gatine :

D'or à trois demi vols d'aigle de sable posés 2. 1.

76. — Picault, Pierre, prestre curé de la paroisse de Viennay :

De gueules, à un chevron d'or accompagné de trois fers de pique d'argent 2. en chef et 1 en pointe.

77. — Villier, René, bourgeois de Maillou :

D'or, à un chevron de sable chargé de deux merlettes d'or.

78. N.... prestre curé de la paroisse de Ponperre :

De gueules, à huit merlettes d'argent posées 3. 2. 3.

79. — Bonnet, Pierre, bourgeois du lieu de la Perrette :

D'azur, à un bonnet quarré d'or.

80. — Gardin, Nicolas, de Saint-Martin du Fouillou :

D'argent, à une pertuisane d'azur mise en pal.

81. — RAMBAULT, Paul, le jeune procureur, à la Peralte :

D'or à cinq cotices d'azur, et un aigle d'argent brochant sur le tout.

82. — BORGNE, Nicolas, prestre curé de la paroisse de Clessé :

D'or, à un loup de gueules et un chef d'hermine.

84. — BOIDIN, Barthélemy, procureur au siège de Parthenay :

Comme cy devant art. 65.

85. — BERTON, Charles, greffier des rolles de la paroisse d'Azay :

D'argent, à une tour de gueules renversée.

86. — RENAUDEAU, Pierre, notaire en la paroisse de Vernon :

De sable, à un renard d'argent.

87. — DE LA BOURYE, Marguerite, dⁱˡˡᵉ :

D'or à une bordure de gueules, chargée de sept merlettes d'argent.

88. — SIMON, Jacques, de Beaulieu :

De sinople, à un palais d'argent.

89. — CLAVIER, Jacques, du lieu d'Azay :

De sinople, à un anneau ou clavier d'argent.

90. — GENTILLEAU, François, prestre curé de la paroisse de la Boissière :

D'azur, à une bande d'or chargée de trois perroquets de sinople.

91. — POUDRET, René, notaire à Vautebis :

D'or, à un baril de sable.

92. — LORRAINE, René, prestre curé de la paroisse de Loing :

De gueules, à une croix de Lorraine d'or.

93. — VINCENT, N..., veuve de Pierre GENTY, greffier des rolles
de la Paroisse de Cressé :

D'argent, à un cloud d'azur, accompagné de trois roses de même, 2 en
chef et en 1 en pointe.

94. — DESRAGES, Antoine, marchand en la paroisse d'Airvault :

D'azur, fretté d'argent, à un lévrier de sable brochant sur le tout.

95. — BOIDIN, Pierre, prestre curé de la paroisse de Chatillon

Comme cy-devant art. 65.

96. — PALLU, Mathurin, notaire à St-Loup :

Pallé de sinople et d'argent de huit pièces.

97. — MESTAIS, Jacques, maître chirurgien à St-Loup :

D'or, à cinq tourteaux, 3 de gueules en chef et 2 d'argent en pointe.

98. — OLLIVIER, Jean, chanoine de l'église collégiale de Ste-Croix de Partenay :

D'azur, à une branche d'olivier d'argent mise en bande.

99. — DU SOUILLE, Louis Charles, Mᵉ d'école de Ste-Croix de Partenay :

De gueules, à un soleil d'or et un chef de sable.

100. — GAULT, Jacques, apoticaire en la paroisse d'Airvault :

D'argent, à trois croisettes de gueules posées 2. 1.

101. — POIGNAND, Jean, docteur en médecine à Partenay :

D'or, à un poignard d'azur, mis en pal.

102. — SCIOT, Benoist, greffier des rolles de la paroisse de Vernon :

De gueules, à une scie d'or.

103. — AUGER, Nicolas, prestre curé de la paroisse de Lestonner :

De sinople, à une auge d'or.

Arrêt rendu à Paris, le 2 décembre 1701.

SENDRAS.

AVAILLES

1. — D'ARGEANCE, Charles-Claude, escuyer, S. de la Salle :
De gueules, à une fleur de lis d'argent.

2. — A expliquer plus amplement.

3. — De LOMENIE, Pierre, François :
D'or, à un arbre arraché de sinople et un chef d'azur chargé de trois lozanges d'argent.

4. — De GUILLON, Jean, escuyer, S. de Varenne :
Coupé au 1er d'argent, à un geay de sable bequé et membré d'or, et au second d'or à trois roses de gueules rangées en chef et un croissant d'azur posé en pointe.

5. — AUDEBERT, Philippe, escuyer, seigneur de Laubuge :
D'azur, à un sautoir d'or.

6. — De TUSSEAU, Louis, escuyer, S. de Maisontiers :
D'argent, à trois croissans de gueules posez deux et un.

7. — GUIOT, feu Charles, escuyer, S. de Fombert, suivant la déclaration de Jeanne du GUEROIN, sa veuve :
Comme cy-devant art. 4 de Montmorillon.

8. — FROTIER, Françoise, dame de Fougères :
D'argent, à une vergette de gueules, accompagnée de dix lozanges de même posés cinq de chaque côté 2. 2. et 1.

9. — VERINAU, Jean, escuyer, S. de la Ferrière :
De sable, à trois croissans d'argent posez deux et un.

10. — De CAMIN, Jean, escuyer :
De gueules, à un pilier d'argent accosté de deux lions, affrontez et rempans contre, de même; et un chef cousu d'azur chargé d'une croix de Malte d'argent accostée de deux étoiles de même.

11, 12. — A expliquer plus amplement.

13. — De Grandsaigne, fou Jean, escuier, S. des Plats, suivant la déclaration de Jeanne Vidaud, sa veuve :

D'azur, à cinq besans d'argent posez deux, deux et un.

14. — Desvière, François-Alexandre, escuier, S. de la Rousselière :

Ecartelé d'argent et d'azur à quatre fleurs de lis, une à chaque quartier de l'un en l'autre.

15. — N.... (St Nectaire), marquis de St Victour :

D'azur, à cinq fusées d'argent posées en fasce.

16. — Frotier, Charles, chevalier, Seigneur de Chamoussenu :

Comme cy-devant art. 8.

17. — A expliquer plus amplement.

18. — Boutier, Marc, S. de Mons, conseiller du Roy, assesseur civil et criminel au siège royal du Dorat.

D'argent, à un espervier au naturel.

Arrêt rendu à Paris, le 20 mars 1698

SENDRAS.

AVAILLES

19. — Pasturaut, Fleurant :

D'azur, à une gerbe d'or en chef et un agneau d'argent passant en pointe.

20. — De Brosseguin, François, écuyer :

D'azur, à un aigle à deux têtes le vol abaissé d'argent.

21. — De Momillon, René, écuyer S. de Chambonnière :

D'azur à deux cœurs accolez d'or accompagnez de trois étoiles de même, deux en chef et une en pointe.

22. — A expliquer plus amplement.

23. — Arnaud, Gilles, écuyer, S. de la Gorce :

D'azur, à six pigeons d'argent posés 3, 2, 1.

24. — De St-Scavin, François, écuyer, S. de la Salver :

D'azur, à une fasce ondée d'argent accompagnée de cinq fleurs de lis de même, trois en chef et deux en pointe.

25. — De Chambonant, François, écuyer, Sieur de Boucheron :

D'or, à un lion de sable lampassé et armé de gueules.

26. — Estourneau, Radegonde :

De gueules, à trois chevrons d'or chargés de trois estourneaux de sable posez un sur chaque chevron.

27. — Courivault, Jean, Sieur de Bauchereau :

D'argent, à un chevron de gueules accompagné en chef de deux étoiles de même et en pointe d'un porc épy de sable.

28. — Bouthier, Jean, curé du Bouchage :

D'azur, à une croix nillée d'argent.

29. — Eslion, Marie :

D'argent, à un lion de pourpre couronné, lampassé et armé d'azur.

30, 31, 32. — A expliquer plus amplement.

33. — Chauveau, Estienne, notaire :

D'or, à un cœur traversé de deux flèches de gueules passées en sautoir.

34, 35. — A expliquer plus amplement.

36. — Trochon, Joseph, curé d'Azac sur Vienne :

D'argent, à une foy de carnation soutenant un cœur de gueules duquel sortent trois roses de même et accompagnées en pointe d'un croissant aussi de gueules.

37. — Frottier, Louis, écuyer, S. de la Carte :

D'argent, à un pal de gueules cotoyé de dix lozanges de même 5 de chaque costé posées deux, deux et une.

38. — A expliquer plus amplement.

39. — Panoin, Pierre, écuyer, S. des Jarriges :

De gueules, à deux fasces d'or coupé d'azur à trois pals d'argent et une bande d'or brochante sur le tout.

40. — A expliquer plus amplement.

41. — Taveau, Pierre, écuyer, S. de Toulon ;

D'or, à un chef de gueules chargé de deux billettes d'argent chacune chargée d'une ruche d'azur.

42. — Courivault, Louis, S. de la Villette :

D'argent, à un chevron de gueules accompagné en chef de deux étoiles de même, en pointe d'un porc épy de sable.

43, 44, 45, 46, 47. — A expliquer plus amplement :

48. — De Gaillerie, Jean, curé, de Javardac :

D'azur à un chiffre de JÉSUS MARIA d'or.

49. — A expliquer plus amplement.

Arrêt rendu à Paris, le 3 juillet 1700

SENDRAS.

AVAILLES

SUIVANT L'ORDRE DU REGISTRE Iᵉʳ.

11. — De Verneuil, veuve :

D'or à un aigle de sable et une cotice d'argent, brochante sur le tout.

12. — Du Theil, N... fille :

D'or à un arbre de sinople planté sur une terrasse de même et accosté de deux étoiles de gueules.

17. — De Fontenelle, N...

D'azur à trois fasces ondées d'argent.

Arrêt rendu à Paris, le 13 août 1700.

SENDRAS

AVAILLES

SUIVANT L'ORDRE DU REGISTRE 1ᵉʳ.

30. — Thorigné, Jacques, procureur fiscal d'Availles :

De sinople, à une tour d'argent massonnée de sable.

31. — Roufié, Junien, procureur et notaire :

D'azur, à six besans d'or 3. 2. 1.

32. — De la Ribadière, S. du Poux, chirurgien :

D'azur, à une fasce d'or surmontée de trois étoiles de même.

34. — Corderoy, René, controleur des actes des notaires :

D'argent, à une fasce d'azur chargée de trois étoiles d'or.

35. — Courivault, Gaspard, procureur fiscal d'Azac :

De gueules, à trois étoiles d'argent posées en bandes.

38. — Prévost, André, S. du Verger :

De gueules, à trois lions passans d'argent, l'un sur l'autre.

40. — Gardien, Charles, notaire à Vigean :

D'azur à trois fasces vivrées d'argent.

43. — Neaume, François, de St-Vincent :

D'or, à deux lions affrontés d'azur.

44. — Neaume, Jean, de St-Vincent :

D'argent, à trois aigles de sable.

45. — De Verdillac, Robert, S. de la Vergne :

De gueules, à un vol d'argent.

46. — De la Forgerie, N..., de St-Germain :

D'or, à un ours de sable.

47. — David, Gaspard, de Nérignac :

D'azur, à trois glands d'or, 2. 1.

49. — Chaigneau, Jean, d'Oradour :

D'argent, à trois pals d'azur.

Arrêt rendu à Paris, le 26 novembre 1700

SENDRAS

AVAILLES

SUIVANT L'ORDRE DU REGISTRE 1er

50 jusques et compris 129. — A expliquer plus amplement.

Arrêt rendu à Paris, le 1er juillet 1701.

SENDRAS.

AVAILLES

SUIVANT L'ORDRE DU REGISTRE 1er.

68. — HYLAIRE, feu Jean, écuier, sieur de Bagnes, suivant la déclaration de N... sa veuve :

D'argent, à une fasce de sinople surmontée de trois tours de gueules et accompagnée en pointe d'un croissant de même.

69. — HYLAIRE, feu Réné, écuier, S. du Rivault, suivant la déclaration de N... sa veuve :

Comme à l'art. 63 ci-dessus.

70. — Du PIN N... de Montbron :

D'argent, à trois bourdons de gueules posés en pal.

79. — De VERTAMONT, Martial, écuier, sieur de Bussière :

Ecartelé au 1er de gueules à un fort à quatre bastions d'argent, au 2e et 3e échiqueté d'argent et d'azur de trois traits, au 4e de gueules.

Arrêt rendu à Paris, le 6 décembre 1701.

SENDRAS.

AVAILLES

Suivant l'ordre du registre 1er.

de l'état du 20 mars 1699.

2. — De FAYDEAU, Charles, écuier, S. de Raissonneau :

De sinople, à un faisceau d'armes d'or.

De l'état du 3 Juillet 1700

22. — MAIGRET, Philippes, écuier, Sr de Champdolant :

D'argent, à une bande de gueules.

Arrêt rendu à Paris, le 15 février 1709.

SENDRAS.

AVAILLES

SUIVANT L'ORDRE DU REGISTRE 1er

50. — De la TOUR, de la paroisse de Morthemard :

D'argent, à un aigle éployé de gueules bequé et armé d'or et une bordure d'azur chargée de 6 besans d'or.

51. — Juge, François, prestre curé de la paroisse de Blond :

D'argent, à un nom de JESUS MARIA de sable.

52. — De la Couture, François, bourgeois du lieu de Blond :

De gueules, à un chef cousu de sinople.

53. — De la Couture, François, bourgeois du lieu de Mouhié :

De même.

54. — De Lavergne, François, bourgeois du bourg de Blond :

Vivré d'or et de sable à un pairle d'azur.

55. — Perotou, Jean dit Fellcrou, bourgeois du lieu de Javardat :

De gueules, à trois perroquets d'argent posés 2. 1.

56. — De la Guerronnière, N... dame :

D'argent, à une croix patriarchale de gueules, surmontée d'un aigle de sable et soutenue d'un laurier de sinople.

57. — Courivaud, N... prestre curé de la paroisse de Gajoubert :

D'azur, à un cœur d'argent accosté de deux clouds de même.

58. — Chauvet, François, S. de Laugé :

D'argent, à 4 fasces d'azur accompagnées de 9 canettes de gueules posées 3. 3. 2. 1.

59. — De Savary, Jean, avocat en parlement :

D'or, à une savatte de sable.

60. — Verdillade, N... veuve de Guy Verdillat, juge de Mortemart :

D'argent, à un chevron de gueules accompagné de trois verdiers de sinople bequés et membrés de sable.

61. — De Verdillat, Joseph, bourgeois du lieu de Mortemart :

De gueules, à un chevron d'or accompagné en chef de deux étoiles de même et en pointe d'un verdier d'argent dans un lac de même.

62. — De Champlière, N... capitaine :

D'azur, semé de besans d'argent à un chevron d'or et un chef de même chargé d'un lion de sinople.

63. — DE LA MOTHE, Jean, prestre curé de la paroisse de Brillac

De gueules, à une montagne mi-partie d'or et de sable.

64. — DAVID, Jean, de Nérignac :

De sinople, à une croix ancrée d'or et un chef componné de sable et d'argent.

65. — N..., prestre curé de la paroisse de Vaury :

De gueules, à une croix vuidée, componnée d'or et d'azur.

66. — VERNIER, Girard, prestre curé de la paroisse de Breuil aufa :

De sable, à un chevron de vair.

67. — TESSEREAU, Louis, S. de Pressigny :

D'argent, à un croissant de sable surmonté de deux croissans de gueules et soutenu de trois étoiles de même mises en fasce.

71. — DE QUATREFAGE, N... bourgeois de la paroisse de Luchapt :

De gueules, à quatre fasces d'or.

72. — DANSAY, Luc, Sénéchal de Brillac :

D'argent, à un violon de sable.

74. — SUDRE, François, fermier à Brillac :

De sinople, à deux chevrons d'argent, chargés chacun d'un tourteau de gueules.

75. — DANSAY, Paul, chirurgien à Brillac :

Comme cy-devant art. 73.

76. — JAUTAL, Jacques, notaire et procureur à Brillac :

D'or, à un fusil de gueules mis en bande.

77. — CHIOCHE, Etienne, écuier, S. des Fontenelles :

De sable, à cinq coqs d'argent posés 2. 2. et 1.

78. — DE LAHAYE, Pierre, écuier, S. de Bularon :

De sinople, à une haye d'or.

80. — BONNAISSET, François, chirurgien à Noure :

D'or, à un bonnet à la dragonne de gueules.

81. — CATU, Pierre, prestre curé de la paroisse de Mouther :

De sable, à une tour mi-partie d'azur et d'or.

82. — DE NEUFCHAIZE, N... écuier, S. de Basdeville :

De sable à 9 chaises d'or, posées 3. 3. 9.

83. — De Fontaneau, N... Dame :

De gueules, à une fontaine d'or.

84. — Du Breuil, Ession, Louis, écuier, S. de la Vault :

D'argent, à un bras de sable mouvant de l'angle dextre en bande.

85. — Bellault, Onézime, Juge d'Asson :

D'or, à un chevron d'azur cannelé de sinople.

86. — De Sabiron, N... fermière :

De sable, à une teste de loup d'or arrachée.

87. — Pasqueron, Marie, veuve de N... de Lafar :

De gueules, à un chevron d'hermines accompagné en pointe d'un agneau pascal d'argent.

88. — Ramat, N..., prestre curé de la parroisse de Mortemart :

D'azur, à un rainceau d'olivier d'or mis en pal renversé.

89. — Largeau, Pierre, greffier des rolles de la parroisse de St Secondin :

Fascé d'or et de gueules de 4 pièces.

90. — Monthelet, François, chirurgien à Usson :

De gueules, coupé d'or à une montagne de sable brochant sur le tout.

91. — Reymond, Gabriel, notaire à Vouhic :

D'argent, à un léopard d'azur.

92. — Blondel, N..., docteur en médecine à Usson :

De sable, à un monde d'or cerclé de gueules et sommé d'une croix de même.

93. — De Lavault, Maturin, procureur à Usson :

D'argent, à un antonnoir de sable et un chef de gueules.

94. — Potier, François, prestre curé de la parroisse de St Secondin :

D'azur, à un pot d'or.

95. — De Momillon, Jean, escuier :

De sinople, semé d'étoiles d'argent et un chef d'azur.

96. — Pomier, Robert, prestre curé de la paroisse de Pressac :

D'or, à trois pommes de sinople rangées en fasce coupé d'azur.

97. — De Galons, Marguerite, veuve de N. Corderoy, bourgeois du bourg de Pressac :

D'argent, à un tourteau de gueules coupé de même.

98. — Corderoy, Louis, S. du Breuil, bourgeois du bourg de Pressac :

De sable, à une corde d'or mise en bande.

99. — De Galons, Madeleine, veuve de Louis Corderoy, bourgeois du bourg de Pressac :

Comme cy-devant art, 97.

100. — Corderoy, Jeanne, veuve de N. de Lage, bourgeois du bourg de Pressac :

Comme cy-devant art. 98.

101. — Churlaud, Antoine, S. de Lesmergere, bourgeois du bourg de Pressac :

D'or, à trois asperges de sinople, posées en pal deux et une.

102. — Corderoy, Jean, S. de la Boussardière, bourgeois du bourg de Pressac :

Comme cy-devant art. 98.

103. — Falleau, Charles, S. de la Foubassière :

De sable, à un chef d'argent, chargé de trois tourteaux d'azur.

104. — N... prestre curé de la parroisse de Magné :

De sinople, à un lion échiqueté de gueules et d'argent.

105. — Gay, Pierre, procureur à Usson :

D'or, à un violon de gueules couché en fasce.

106 bis. — De Vivosne, Jean, écuier, et Marie de Resnier sa femme :

D'azur, à trois fasces ondées d'argent, accolé de gueules à un artichaud d'argent.

107. — N..., femme de N. Barton, vicomte de Monbas :

De sable, à un sautoir d'or, semé de billettes d'azur.

108. — Fenné, Gauthier, écuier, S. de la Fredière de Brignacil :

De sinople, à 8 fers de cheval d'argent posés 3. 3. 2.

109. — DE BEUNON, Etienne, sénéchal de Brigueuil :

De gueules, à quatre roses d'or posées en pairle.

110. — VALLET, Antoine, procureur fiscal à Brigueuil :

D'or, à quatre roses de gueules posées en pairle.

111. — HUGONNEAU, Pierre, chirurgien à Brigueuil :

D'or, à quatre roses d'azur posées en pairle.

112. — HUGONNEAU, N... veuve de N. de la Valade :

De même.

113. — DAVID, Pierre, apoticaire à Adriers :

De gueules, à une harpe d'argent.

114. — PASQUERON, Louis, chevau-léger de la garde ordinaire du Roy :

Comme cy-devant art. 87.

115. — BRUN, Isaïe, apoticaire à Vigean :

De sable, à un ours au naturel.

116. — MALLEBEC, Jean, prestre curé de la paroisse de Montrollet :

D'or, à un grifon de sable bequé de sinople.

117. — CHESNEREAU, Pierre, sieur de Fiefrenard :

D'argent, à 2 chaines de gueules mises en bande.

118. — HUGONNEAU, Philippe, S. des Chevailles :

Comme cy-devant art. 111.

119. — CUIRBLANC, René, notaire et procureur à Usson :

D'azur, à un bœuf d'argent.

120. — CHABROU, N..., Notaire et procureur à Mouhic :

D'or, à un chat d'azur.

121. — DE CLERAY, Jean, S. du Rocher :

De gueules, à un soleil d'argent.

122. — DANIAU, Pierre, S. de la Renaudière :

De sable, à une teste d'âne d'or.

123. — N... femme de N. (S. Nectaire) marquis de St-Victour :

D'or, à trois fasces bandées d'azur et d'argent de six pièces.

124. — DREUX, N... de Montrollet :

De gueules, à un coq d'argent, posé sur une montagne de même.

125. — DE MONSERAUD, N.... greffier des rolles de la paroisse du Luchapt :

D'argent, à un serain de sinople, posé sur une montagne de même,

126. — BEAUMIER, Jacques, bourgeois d'Usson :

D'argent, à une plante de baulme de sinople.

127. — BEAUMIER, Jean, bourgeois d'Usson :

De même.

128. — DE ROCHET, N..., maitre apotiquaire à Oradour Sanoix :

D'argent, à un chef de sable, chargé de deux rocs d'échiquier d'or.

129. — PASQUERON, François, bourgeois du lieu d'Usson :

Comme cy-devant art. 87.

Arrêt rendu à Paris, le 2 décembre 1701.

SENDRAS.

LUÇON

SUIVANT L'ORDRE DU REGISTRE 1er.

1er Jusques et compris 41. — A expliquer plus amplement.

42. — FAUCHERE, Germain, écuier, S. de la Blanchère :

De sable, à un lion couronné d'or.

43, 44, 45, 46, 47, 48. — A expliquer plus amplement.

49. — DE LOYNES, Jean Baptiste Philippe, chevalier, seigneur de Naillière :

D'azur, à sept besans d'or posés quatre et trois, et un chef de gueules, chargé de deux sautoirs d'argent, et une fasce gironnée contregironnée d'o et d'azur brochant sur le tout.

50, 51, 52. — A expliquer plus amplement.

53. — DE TUSSON, Charles, écuier, S. de Lavaud :

D'argent, à trois croissans de gueules, 2 en chef et 1 en pointe.

54. — DE LA BOUCHERIE, Antoine-René, S. de la Maisonneuve :

D'azur, à un cerf passant d'or.

55. — A expliquer plus amplement.

56. — VEILLON, René, docteur en médecine à la Bretonnière :

D'azur, à une grûe d'argent couronnée de même, et tenant de sa patte dextre levée sa vigilance de gueules.

57. — A expliquer plus amplement.

Arrêt rendu à Paris, le 1er juillet 1701.

SENDRAS.

LUÇON

SUIVANT L'ORDRE DU REGISTRE 1er.

1. — FOUCHÈRE, Marguerite, femme de Gabriel de NICOU, écuier S. de Pileau :

D'argent, à une tige de fougère de sinople.

2. — Fouchère, René, femme de Jean Le Beau, écuier, S. de Beaufort :

De même.

3. — Cicoteau, Marie, veuve de Louis Arnauldet, écuier, S. de la Courolière :

De gueules, à six cogs d'or posés 3. 2. 1.

4. — N.., veuve de N. de la Courolière :

De sable, à quatre billettes d'or mises en pairle.

5. — Delaforest, Antoine, fermier de Svourales, Passes et Chomey :

D'azur, à une bordure d'argent chargée de huit arbres de sinople.

6. — La Communauté des Tailleurs d'habits et Chapeliers de la ville de Luçon :

D'or à un chapeau de sable accompagné en chef de deux paires de ciseaux de même.

7. — La Communauté des Boulangers de la ville de Luçon :

De gueules, à huit besans d'argent posés 3. 2. 3.

8. — La Communauté des Chirurgiens et Apotiquaires de la ville de Luçon :

De sinople, à un mortier d'or accompagné en chef de deux canettes d'argent.

9. — La Communauté des Potiers d'étain, Vitriers et Chaudronniers de la ville de Luçon :

De vair, à un chef d'or.

10. — La Communauté des Tisserands et Cordiers de la ville de Luçon :

De gueules, à sept fusées d'or posées 3. 1. 3.

11. — La Communauté des Cordonniers, Selliers, Boureliers et Gantiers de la ville de Luçon :

D'or, à une botte de gueules.

12. — La Communauté des Maçons, Tailleurs de pierre et Couvreurs de la ville de Luçon :

De sable, à une truelle d'or.

13. — LA COMMUNAUTÉ des Sergetiers de la ville de Luçon :

De gueules, à une navette de tisseran d'argent couchée en fasce.

14. — LA COMMUNAUTÉ des Menuisiers, Tonneliers, Charpentiers et Charrons de la ville de Luçon :

D'azur, à trois tonneaux d'or posés 2. 1.

15. — LA COMMUNAUTÉ des Maréchaux, Serruriers, Armuriers, Cloustiers, Cousteliers et Epronniers de la ville de Luçon :

De sable, à un fer de cheval d'or surmonté de deux molettes de même.

16. — BONNET, Jacques, avocat en parlement et procureur fiscal de la ville de Luçon :

D'argent, à un bonnet à la dragonne de sinople.

17. — LA COMMUNAUTÉ des Marchands d'étoffes, de bled, Merciers, Epiciers, Orfèvres et Bouchers de la ville de Luçon :

D'or, à deux aunes de gueules mises en pal.

18. — PAILLON, Jean, marchand bourgeois de la ville de Luçon:

D'azur, à cinq gerbes d'or posées en croix.

19. — GÉRARD, François, Md bourgeois de la ville de Luçon :

D'or, à cinq gerbes d'azur posées en croix.

20. — BORON, Nicolas, Mᵉ chirurgien à Luçon :

De sable, à trois étoiles d'or posées en barre.

21. — COUTAVEREAU, François, Mᵉ chirurgien à Luçon :

De gueules, à sept étoiles d'argent posées en chevron.

22. — FROMANT, Antoine, doyen de l'église cathédrale de Luçon :

D'argent, à trois épis de froment de gueules mal ordonnés.

23. — VIAUD, Gilles, Senechal de la ville de Luçon :

D'or, à un lion mi-coupé de gueules et d'hermines.

24. — GOSDEAU, Elisabeth Emée, femme de René de la Boucherie, écuier, S. d'Ugny :

De sable, à cinq coupes d'argent mises en croix.

25. — RUCHAUD, Simon, S. de la Brodière, notaire roial en la ville de Luçon :

D'or, à un chef de sable chargé d'un réchaud d'argent.

26. — De Ropidie, Françoise, femme de René Esprie Sochet, écuier, S. de Coymion :

De gueules, frotté d'or, à une fasce de même.

27. — De Bechet, Charles, Paul, ecuyer, Seigneur de Biarge :

De sinople, à une bûche d'or.

28. — Tubin, Jeanne, femme de N. de la Robinière :

D'azur, à une lunette d'aproche d'or mise en bande.

29. — L'évêché de Luçon :

D'argent, à une croix d'azur, à un chef de gueules chargé d'une mitre d'or.

30. — Ozanneau, Jacques, S. de la Tour, marchand bourgeois de la ville de Luçon :

De gueules, à une tour crenelée d'or et une bordure componnée de sable et d'azur.

31. — Dugat, René, chanoine de l'église cathédrale de Luçon :

De sinople, à quatre billettes d'argent mises en pairle.

32. — Goupillard, Jacques, Md bourgeois de la ville de Luçon :

De sable, à une goupille d'argent.

33. — Moreau, René, prestre écuier, chanoine de l'église cathédralle de Luçon :

De sinople, à un besan d'argent chargé d'une teste de more de sable.

34. — Reinaud, Louis, Mᵉ apotiquaire en la ville de Luçon :

D'or, à quatre grenouilles de sinople posées 3. 1.

35. — Moignet, Marie, veuve de François Gillois, md à Puiraveau :

D'argent à quatre fers de lance de sable posés 3. 1.

36. — Illerain, François, chanoine de l'église cathédralle de Luçon :

D'azur, à un écusson chevronné d'or et de sable de 6 pièces.

37. — Bouhier, Alexandre, prestre chanoine de l'église cathédrale de Luçon :

D'azur, à un chevron d'or accompagné en chef de deux croissans d'argent et en pointe d'un massacre de bœuf d'or.

38. — De Butigny, Georges, prestre chanoine sous doyen de l'église cathédrale de Luçon :

Fascé d'or et d'azur de 6 pièces, à deux chevrons d'argent brochant sur le tout.

39. — Rampillon, René, archidiacre de Paredes et prieur de St Benoist :

Fascé d'or et de sable de 6 pièces, à un lion d'argent brochant sur le tout.

40. — Gillois, Jacques, greffier des rolles de la paroisse de Puiraveau :

D'or, à un loup de sable et un chef de même.

41. — Bordeau, Simon, notaire royal à Luçon :

De sable, à un chevron engreslé d'argent et une bordure d'or.

43. — De Peaud, Marie, femme de Germain Faucher, écuier, S. de la Blanchère :

De gueules, à un écusson palé d'or et de sable de 6 pièces.

44. — Rampillon, Pierre, prestre chanoine de l'église cathédrale de Luçon :

Comme cy-devant art. 39.

45. — Desline, Françoise, veuve de Jean Senelchet, écuier :

De sable, à trois roses d'argent mises en fasce et un chef de gueules.

46. — Le couvent des religieuses de Cerisiers :

D'or, à une croix de gueules cantonnée de 4 cerisiers de sinople.

47. — Majou, Jean, Md à Ste Pesave :

D'argent, à un chat de gueules,

48. — Bernard, Jacques, Md à Dissay :

D'or, à un ane de sinople.

50. — Saillant, Jean, maitre apotiquaire à Luçon :

De gueules, à un cheval saillant d'argent.

51. — Le Clerc, Jean, notaire roial et procureur à Mareuil :

D'argent à un écusson d'azur chargé d'un soleil d'or.

52. — Lalonier, Nicolas, notaire et procureur à Mareuil :

Fuselé, d'or et de sable, à un chevron de gueules.

55. — THIBODEAU, Marie, femme de René de la Bouche
S. de la Maisonneuve :

D'argent, à un chevron lozangé d'or et de sinople.

57. — MIGLAULT, Françoise, fille :

De sinople, à une fasce fuselée de gueules et d'or.

Arrêt rendu à Paris, le 2 décembre 170

SENDRAS

ROCHECHOUARD

SUIVANT L'ORDRE DU REGISTRE 1".

1. — D'Asnières, Robert, escuier, Seigneur de Moulin Pautre :

D'argent, à trois croissans de gueules, deux et un.

2. — A expliquer plus amplement.

3. — D'Asnières, Olivier, escuier, S. de Villefranche :

D'argent, à trois croissans de gueules, deux en chef et un en pointe.

4. — De Lambertie, Marie, veuve de François de Maumont, écuyer :

D'azur, à une croix d'or.

5. — De Grand Seigne, Pierre, escuier, Sieur d'Essenat et du Teil :

D'azur, à cinq besans d'argent posez deux et un.

6. — De Grand Seigne, Jean, escuier, Sieur de la Flotte :

De même.

7. — Roux, Marcial, Sieur de La Garde, escuier :

D'azur, à trois fasces d'argent surmontées de trois fleurs de lis de même rangées en chef.

8. — Vidard, Etienne, escuier de St-Etienne :

De gueules, à six flèches d'or, trois en chef posées en pal et en sautoir et trois posées en pal, deux aux flancs et une en pointe, toutes les pointes en bas.

9. — De Saint-Georges, François, escuier, Seigneur de Fraisse :

D'argent, à une croix de gueules brizé en chef d'un lambel à trois pendans de même et une bordure d'azur.

10. — De Brethe, François, écuier, S. des Forests :

D'argent, à trois brethes de gueules l'une sur l'autre chacune clarinée de même.

11. — De la Bastide, Jean, escuier, S. du Croset :

D'argent, à cinq fusées de gueules.

12. — Guiot, Paul, escuier, S. de St-Paul du Doignon :

D'or, à trois perroquets de sinople deux et un, becquez et onglez de gueules.

13. — Duhaux, Gabriel, escuier, Seigneur de Chasteau Rocher :

D'or, à un chesne de sinople, un lion de gueules passant devant le pied de l'arbre et une bordure d'argent semée de tourteaux d'azur.

14. — A expliquer plus amplement.

15. — Guiot, Estienne, escuier, S. du Doignon :

Commè cy-dessus art. 12.

16. — De Saint-Georges, escuier, S. de Perissé :

Comme cy-devant art. 9.

Arrêt rendu à Paris, le 20 mars 1699.

SENDRAS.

ROCHECHOUART

SUIVANT L'ORDRE DU REGISTRE 1er.

17. — De Marsange, François, ecuyer, Sieur de Vauray :

De gueules, à trois merlettes d'argent, deux en chef et une en pointe.

18. — Barthon, François, vicomte de Montbas :

D'azur, à un cerf couché d'or et un chef échiqueté d'or et de gueules de trois traits.

19. — Des Soudanes, Antoine, curé de St-Laurent sur Gore :

D'azur, à une croix d'argent.

20. — Verton de la Tamanie, Martial, greffier des rolles de St-Laurent sur Gore :

D'or, à un lion de sable rampant contre une branche de laurier de sinople

21, 22, 23. — A expliquer plus amplement.

24. — Du Soullier, Jean, curé de St-Amant :

De sable, à un lion d'argent surmonté d'un soleil d'or.

25. — Grevier, Jean, notaire et procureur fiscal du Comté de la Vauguion :

D'azur, à un lion d'argent couronné de même, accompagné en chef de deux étoiles d'or, et en pointe de trois mouches de même nommées bourdons et posées deux et une.

26, 27. — A expliquer plus amplement.

Arrêt rendu à Paris, le 3 juillet 1700
SENDRAS.

ROCHECHOUART

SUIVANT L'ORDRE DU REGISTRE 1ᵉʳ.

2. — De PRESSAC, François, écuyer, Sieur du Repaire :

D'argent, à un lion de sable lampassé et armé de gueules.

14. — ROUX, Isabeau, veuve de Jacques de CHOULY, écuyer, seigneur de Montchasty Permangle :

D'azur, à une fasce d'argent accompagnée de trois lis ? de même rangées en chef.

Arrêt rendu à Paris, le 13 août 1700.

SENDRAS.

ROCHECHOUARD

SUIVANT L'ORDRE DU REGISTRE 1ᵉʳ.

21. — Du SOULIER, Jean :

D'or, à trois trèfles de sinople 2, 1.

22. — BESSE, Catherine, veuve de N. GRAVET :

D'argent, à une croix fleuronnée de gueules.

23. — BERNARD, Simon, curé :

D'or, à trois fasces de gueules.

26. — MORLON, Jean, S. de Beaulieu :

Bandé de gueules et d'argent de six pièces.

27. — Du ROUSSEAU, Marguerite, veuve de Jean PASQUET :

D'or, à une bande fuzelée de gueules.

Arrêt rendu à Paris, le 26 novembre 1700

SENDRAS.

ROCHECHOUARD

SUIVANT L'ORDRE DU REGISTRE 1er.

28, 29, 30, 31, 32, 33. — A expliquer plus amplement.

34. — SARDIN, Mathieu, Sieur de la Poüyade :

D'argent, à trois poissons nommés sardines de gueules posés en fasce l'un sur l'autre.

35. — A expliquer plus amplement.

36. — JARLAY, Daniel :

D'or, à une croix potencée d'azur cantonnée de quatre colombes de même.

37 jusques et compris 62. — A expliquer plus amplement.

Arrêt rendu à Paris, le 1er juillet 1700.

SENDRAS

ROCHECHOUART

SUIVANT L'ORDRE DU REGISTRE 1er.

39. — DESEUBES, Charles, curé de la paroisse de Cussac :

D'argent, à une croix alaisée de gueules surmontée de trois étoiles de sable.

40. — MORLON, Cathérine, veuve de François DESEUBES :

D'argent, à un chevron de gueules accompagné de trois pomes de pin de même, 2 en chef et une en pointe.

41. — DUBUISSON, N. de St Laurent :

D'or, à un lion de gueules, surmonté d'un soleil de même et accosté de deux roses de gueules.

43. — DU SOULIER, Charles François, Sieur de Lesevrat :

D'or, à un lion d'azur, couronné de sable et un chef d'azur chargé d'une rose d'argent accosté de deux étoiles d'or.

45. — DU SOULIER, Jean, S. de la Vilote :

Comme à l'art. 43 cy-devant.

47. — De Champelon, Pierre, S. de la Cour :

D'azur, à trois chevrons d'or et un lion de gueules brochant sur le tout couronné de même.

48. — De Naumont, feu N. suivant la déclaration de Marie de Lambertie sa veuve :

De gueules, à une croix alaisée d'or.

51. — Pasquet, Pierre, Sieur de Laumont :

D'argent, à un cerf passant de gueules.

Arrêt rendu à Paris, le 16 décembre 1701

SENDRAS.

ROCHECHOUART

SUIVANT L'ORDRE DU REGISTRE 1er.

28. — Hugon, Clément, Mᵉ des Forges de la paroisse de Mesonnais :

D'argent, à cinq testes de coq arrachées de gueules posées en sautoir.

29. — N..., veuve de Pierre Gros de la paroisse de Maisonnais :

D'or, à trois bandes componnées d'azur et d'argent.

30. — De L'Ecanie, Jean, de la paroisse de Maisonnais :
De sable, à un artichaud d'argent.

31. — De Plainemaison, Pierre, prestre curé de la paroisse de St Mathieu :

De gueules, à une maison d'or.

32. — Chaseau, Louise, fille :

D'argent, parti de sable à un chat d'azur brochant sur le tout.

33. — Des Crachats, Jean, apotiquaire en la paroisse des Salles :
De sable, à un bassin d'argent.

35. — Du Bois, Paul, prestre curé de la paroisse d'Oradour sur Veire :

D'or, à une fascine de sinople mise en pal.

37. — MONNERIE, Jean, bourgeois de la paroisse de St Mathieu :

De gueules, à un pont d'argent surmonté de trois étoiles d'or.

38. — MONNERIE, Gabriel, bourgeois de la paroisse de St Mathieu :

De même.

42. — JAVERLIAT, Pierre, prestre, curé de la paroisse de St Cire.

D'or, à une fasce d'azur chargée d'un coq d'or.

44. — PREVOST, Jean, Sieur des Rivières :

D'argent, à une gerbe de sinople accostée de deux billettes de gueules.

47. — AUTHIER, Antoine, notaire en la paroisse de Cheronnac :

D'or, à un croissant de gueules accompagné en chef de deux molettes de sable.

49. — DE LAMONNERIE, Anne, veuve de Jacques GUYOT, écuier S. de Maupinas :

Comme cy-devant art. 37

50. — DE LA PISSE, Gabriel, S. de la Brière :

D'azur, à un pot de chambre d'argent.

52. — LE CLERC, Louis, notaire en la paroisse de Cheronnac :

D'azur, à un soleil d'or accosté de deux chandelles d'argent allumées de gueules.

53. — CHABROULAUD, Nicolas, apotiquaire en la parroisse des Salles :

De sinople, à un chat d'argent assis et posé de front.

54. — BOISSON, N.. prestre, curé de la paroisse de Cognac :

Fascé d'or et de sinople de 6 pièces et un tonneau de gueules brochant sur le tout.

55. — DESCUBES, Pierre, Sieur des Vignes :

D'argent, à cinq tourteaux d'azur mis en barre.

56. — MANDON, Pierre, le jeune, m^d en la parroisse d'Oradour sur Veire :

D'or, à une jumelle de gueules.

57, — DE LA CHAUMETTE, Léonard, greffier des rolles de la paroisse d'Oradour sur Veire :

De sable, à une maison d'argent, couverte de chaume d'or.

58. — MARIOTTE DE ROUILLAC, Anne, veuve de N. de MORINAS :

D'or, parti de gueules, à deux roues de l'un en l'autre.

59. — CROUZEIL, François, curé de la paroisse de Pousoubes :

D'argent semé de croisettes et d'étoiles de gueules.

60. — BOULESTÉ, Pierre, bourgeois de la ville de Rochechouard :

D'or, à trois boulles de gueules posées en pal.

61. — MORLON-MAZANTY, N.., Bourgeois de la paroisse d'Oradour sur Veire :

D'argent à cinq merlettes d'azur mise en bande.

62. — LA COMMUNAUTÉ des marchands Merciers, Tailleurs d'habits et autres de la ville de Rochechouard :

De gueules, à une paire de ciseaux d'or.

Arrêt rendu à Paris le 2 décembre 1701.

SENDRAS.

LUSIGNAN

SUIVANT L'ORDRE DU REGISTRE 1er.

19. — A expliquer plus amplement.

20. — GOURJAULT, Alphée, chevalier, seigneur de Thenours :
De gueules, à un croissant d'argent.

21. — A expliquer plus amplement.

22. — FASSETOT, escuyer, seigneur de Damemarie et du Chasteignier :
D'azur à trois guidons d'argent ferrés d'or et posés deux et un.

23, 24. — A expliquer plus amplement.

25. — BONNIN, Henriette, Vve de H... SURAUT, apoticaire :
D'argent à un chevron de gueules accompagné de trois cannes de sable, deux en chef et une en pointe.

26. — DU PAS, François, Sieur de la Martinière:
De même.

27. — A expliquer plus amplement.

28. — BIGET, Mathurin, Cabaretier à Couhé :
D'azur à un cygne d'argent.

29. — A expliquer plus amplement.

30. — DE FESLON, Charles, écuyer, Sieur de Fouilloux :
D'or à trois têtes de veau d'azur, deux et une.

31. — A expliquer plus amplement.

32. — DE LA BARRE, Jean, écuyer, seigneur de la Barre :
D'argent à une barre d'azur chargée de trois coquilles d'or et accompagnée de deux merlettes de sable, une en chef surmontée d'un croissant de même et l'autre en pointe.

LUSIGNAN

11. — H... La Rivière, contrôleur d'exploits :

D'azur, à une rivière d'argent posée en fasce, accompagnée de trois cygnes de même, deux en chef et un en pointe.

13. — Baconneau, Rachel, Vve du Sieur Boumard, apoticaire à Lusignan :

D'or, à un chesne de sinople sur une terrasse de même et un sanglier de sable passant au pied de l'arbre.

19. — Renault, Mathurin, greffier :

De sinople, à un lion d'argent.

LUSIGNAN

19. — Venand, Mathurin, greffier et notaire à Lusignan :

De gueules, à une fasce d'argent chargée de deux robes de même.

21. — Brun, Abraham, Seigneur de la Maugotière :

Bandé d'or et d'azur de six pièces.

23. — De Genues, Jacques, prestre, curé de Colombières :

D'argent, à une fasce de gueules.

24. — Nivard, Marie, dame de Philippe Nivard, seigneur de Moulineuf, avocat du Roy :

D'or, semé de croisettes de sable, à un lion d'argent brochant sur le tout.

27. — De la Salle, François, docteur en médecine.

D'or, à un lion passant d'argent.

29. — Garnier, Charles, marchand au Couché :

De sable, à un sautoir d'or.

31. — Minard, Philippe, procureur au siège royal de Lusignan :

D'azur, à un chevron d'argent accompagné de trois roses de même.

LUSIGNAN

SUIVANT L'ORDRE DU REGISTRE 1er.

33 jusque et compris 148. — A expliquer plus amplement.

LUSIGNAN

SUIVANT L'ORDRE DU REGISTRE 1er.

33. — CLÉMENT, Pierre, fermier des Marots en la paroisse de Lezais :

De gueules, à un agneau d'argent accompagné en chef de deux chefs de même.

34. — MENARD, René, écuyer, S. du Chausset :

De gueules, coupé d'or, à une botte de sable brochant sur le tout.

35. — GAREIN, Jean, prestre, curé, de la paroisse d'Anou :

D'argent, à deux chevrons ondés d'azur.

36. — GAREIN, Antoine, bourgeois du bourg d'Anou :

De même.

37. — NIVARD, René, bourgeois de la Pottièvre :

D'or, à un niveau de gueules.

38. — METOIS, Jeanne, hostelière à la ville :

D'argent, à une table de gueules.

39. — PIREAUDEAU, Sébastien, prestre, curé de la paroisse de Rouillé :

De gueules, à un porteur d'eau avec ses seaux et son cercle, le tout d'argent.

40. — N.... du Plessix de la Potterie, Dlle :

D'azur, à cinq pots d'argent mis en croix.

41. — NIVARD de la Potterie, Marie, Dlle :

Comme cy-devant art. 37.

42. — NIVARD, Marie Anne de la Potterie, Dlle :

De même.

43. — GUEREAU, Pierre, prestre curé de la paroisse de Notre-Dame de Vivonne :

De gueules, à une robe d'argent, tigée et feuillée d'or.

44. — MONTOIS, Elie, Md fermier à Château Larcher :

De sable, à une montagne d'argent, surmontée d'une étoile d'or.

45. — PICHAULT, Pierre, prestre, curé de la paroisse de Salle :

De sinople, à une pêche d'or.

46. — QUEREAU, Jean, prestre, curé de la paroisse de Marigny :

Comme cy-devant art. 43.

47. — FRAIGNEAU, Isaac, Md bourgeois du lieu de Bourleuf :|

De gueules, à une feuille de vigne d'or.

48. — NAUX, François, procureur au Siège royal de Luzignan :

D'or, à un chevron ondé d'azur.

49. — NIVARD, Françoise, Vve de François NAU, capitaine de la milice bourgeoise de Lusignan :

Comme cy-devant art. 37.

50. — BERT, Suzanne, Vve de N... JOYEUX, notaire royal à Lusignan :

De sable, à un ours d'or.

51. — JOLY, François, prestre, curé de la paroisse de St-Pierre et St Paul de Pransay :

De sable, à un perroquet d'argent, becqué et membré de gueules.

52. — BONNEAU, Jean, notaire royal à Lusignan :

De sinople, à une fontaine d'argent, jaillissant d'un bassin d'or.

53. — CAILLAUD, Hugues, fermier de Forest :

D'or, à un chevron de gueules, chargé de trois écailles d'or.

54. — NOAILLE, André, Md bourgeois de la ville de Lusignan :

D'azur, à une bague d'or.

55. — LIÈGE, Philippe, Md bourgeois de la ville de Lusignan :

De sable, à trois bagues d'argent.

56. — CHAILLOU, N..., prestre, curé de la paroisse de Marsaix :

De sinople, à un chat d'argent et un loup d'or affronté.

57. — MAROT, Charles, prestre, curé de la paroisse de Bougon :

D'or, à trois marons de gueules dans leurs hérissons de sinople, posés 2 et 1.

58. — BERT, François, Md bourgeois du bourg de St-Fauvant :

Comme cy-devant art. 50.

59. — MAROT, Jean, Md bourgeois du bourg de St-Fauvant :

Comme cy-devant art. 57.

60. — ROGIER, Etienne, écuier, S. du Breuil :

De gueules, à un rosier d'or portant une rose d'argent.

61. — DE PONS, Marie, Vve de Gabriel d'Autou, écuier, S. de la Blottière :

Parti d'or et de sable à un pont d'argent brochant sur le tout.

62. — D'AUTOU, feu H..., écuyer, S. de la Blottière :

De gueules, à un lion d'argent lampassé et armé de sinople.

63. — GILBERTOT, Mathurin, prestre, curé de la paroisse de Sehot :

D'argent, à un aigle de gueules becqué et membré d'or.

64. — BOUCHER, Jacques, fermier de Bergion :

Lozangé d'or et de sable à un massacre de bœuf de gueules brochant sur le tout.

65. — DE VILLIÈRES, Félix, prestre, curé de la paroisse de Chenay :

D'or, à une lozange d'azur chargée d'un besan d'argent.

66. — RAOULT, Samuel, greffier des rolles et des tailles de la paroisse de Seuret :

De gueules, à une lozange d'argent chargée d'un tourteau de sable.

67. — D'AUTOU, Renée, femme de Léonard de Crozant, écuier, Seigneur de Caillère :

Comme cy-devant art. 62.

68. — BONTEMS, Renée, fille majeure, Dlle :

D'azur, à un soleil d'or accompagné de trois gerbes de même, 2 en chef et une en pointe.

69. — PIGNET, Pierre, Sergent à Lusignan :

De gueules, parti d'argent à deux otelles de l'un et l'autre.

70. — DE PONS, Marguerite, femme de N... GIRARD, écuier, S. des Loges :

Comme cy-devant art. 61.

71. — BRIAND, René, écuier, S. des Rasaudières :

D'argent, à une broche d'azur mise en bande.

72. — LEVESQUES, Jean, Sénéchal des Marets :

De sable, à une mitre d'or renversée.

73. — GYOCHON, Paul, Md bourgeois du bourg de Chay :

D'or, à un cochon de gueules.

74. — SAUZAY, Jean, Md bourgeois du bourg de Chay :

D'azur, à une tige de sauge d'argent.

75. — EURT, Georges, prestre, curé de la paroisse de Vençays :

D'or, à un chevron ondé de sable.

76. — CHARTIN, Jacques, notaire à Vençays :

D'or, à une charrette de gueules.

77. — BOURGOUIN, Samuel, bourgeois du bourg de Vençays :

De gueules, à un héron d'or.

78. — GAUTIER, Pierre, Md bourgeois à Chenay :

D'azur, à une huître d'argent et un chef de même.

79. — COTTERON, François, notaire royal à Lusignan :

De gueules, à une bande d'argent cotoyée de deux cotices d'or.

80. — DESCHAMPS, Gabriel, notaire royal à Lusignan :

De sinople, à trois fasces d'argent à une bande de gueules brochant sur le tout.

81. — CLEMOT, Jean-Baptiste, prestre, curé de la paroisse de St-Coutant :

De gueules, à une clef d'or tournée et renversée.

82. — CLEMOT, Augustin, prestre, curé de la paroisse de Saint-Vincent :

De même.

83. — PIGNET, Jacques, procureur au siège royal de Lusignan ;

Comme cy-devant art. 69.

84. — N... veuve de N. VERGER, Md bourgeois de Lusignan :

De gueules, à deux fasces bandées d'or et d'azur de six pièces.

85. — DE PONT DE MERRÉ, Louise, veuve de N... Mersé :

D'argent, à une fasce bandée d'or et de gueules de 6 pièces.

86. — PAILLET, François, notaire à Chaunay :

De sable, à une gerbe d'argent renversée.

87. — CABARET, N.., prieur de Lezais :

D'or, à un franc quartier de gueules chargé d'une croix d'argent.

88. — VENON, Pierre, fermier à St-Germain :

De sinople, à une bande fascée d'or et de gueules de 6 pièces.

89. — NICOLAS, Abraham, greffier des rolles de la paroisse de Ste Soulline :

De gueules, à une bande fascée d'or et de sinople de 6 pièces.

90. — NICOLAS, Louis, controleur des exploits à Ste Soulline :

De même.

91. — GIRARD, Alexis, procureur fiscal de :

. . . .

92. — LA GARDE, notaire à Lezais :

. . . .

93. — DE CLOUZY, Pierre, notaire à St-Coutant :

D'argent, à 4 clouds de sable apointés en cœur mis en sautoir.

94. — DABAYE, Louis, notaire à St-Coutant :

D'or, à une église de gueules.

95. — BOSSEBŒUF, Gabriel, Md cabaretier à St-Coutant :

. , ... un bœuf de gueules. . . . . . sur deux monticules . . .

96. — SA...., Elisabeth, femme de REN......... :

. . . . . à trois navettes. . . . . de gueules.

97. — . . . .

. . . . à une hupe d'or.

98. — N...., veuve de N. Migault :

D'or, à une fasce d'azur engreslée de sable.

99. — GEOFFROY, Robert, marchand à Lezais :

De sable, à un lion d'or lampassé de sinople.

100. — LE ROY, Jean, prestre, curé de la paroisse de Cellevecaut :

D'azur, à une couronne fermée d'or.

101. — BELLOT, Pierre, ... à Cellevecaut :

De sable, à un loup d'argent contourné.

102. — . . . .

. . . .

103. — La Communauté des Tanneurs, Blanconniers, Charpentiers et Armuriers de Vivonne :

D'argent, à un compas de sable surmonté d'un massacre de beuf de même.

104. — DES GARÇONS, Etienne, greffier des rolles de la paroisse de Marigny :

De sinople, à un chevron d'or accompagné de trois boules de même, 2 en chef et une en pointe.

105. — GEOFFROY, Pierre, notaire en la Chatellenie des Marets :

Comme cy-devant art. 99.

106. — La Communauté des Tailleurs, Cordonniers, Pintiers, Vitriers, Bastiers et Charrons de la ville de Vivonne :

De sable, à une paire de ciseaux d'argent, accompagnée en chef de deux pintes de même.

107. — La Communauté des Marchands Merciers, Epiciers et Chandeliers de Vivonne :

D'or, à trois peignes de gueules posés 2. 1.

108. — La Communauté des Sergetiers de Vivonne :

D'argent, à une navette de tisseran de gueules mise en bande.

109. — MOTTET, Marie, Vve de N. Sinçon, écuier, S. de la Barre :

D'or, à une montagne de sinople.

110. — La Communauté des Chirurgiens de Vivonnne :

De sable, à trois rasoirs d'or, posés 2. 1.

111. — FAURE, Antoine, Marchand bourgeois de Vivonne :

De sinople, à une fasce d'argent chargée de trois roses de gueules.

112. — Chaboceau, René, notaire à Vivonne :

De gueules, à un chabot d'argent mis en pal.

113. — Pin, Marie, Veuve de Louis Chaboceau, Marchand à Vivonne :

De sable, à une pomme de pin d'or.

114. — Du Planty du Landreau, Charlotte, veuve de Charles Yon, écuier, sieur de Seuret :

D'or, frotté de sable, écartelé d'argent, à une croix fleurdelysée d'azur.

115. — La Communauté des Sergetiers de la ville de Lusignan :

D'azur, à une navette de tisseran d'argent mise en bande.

116. — Le couvent des religieux Carmes de Vivonne :

D'or, à une croix patée de gueules et une bordure d'azur.

117. — De La Garde, Pierre, Marchand bourgeois de Vivonne :

De sable, à une garde de poignée d'argent.

118. — De Lage, François, prestre, curé de la paroisse d'Iteuil :

D'argent, à un chevron ondé de sable renversé.

119. — Poignand, N..., maître apoticaire à Roin :

De gueules, à un poignard d'or renversé.

120. — Girard, Louis, notaire à Lezais :

D'azur, à deux pals gironnés d'or et de sable.

121. — Chastaigner, Joseph, écuier, S. du Plessis de Rouvre :

De gueules, à trois chataignes d'or dans leurs hérissons de même, posés 2. et 1.

122. — Amirault, Pierre, marchand Cabarétier à Lusignan :

De sable, à une ancre d'or.

123. — Cotteron, N... prestre, curé de la paroisse de Sainte-Soulline :

De sinople, à cinq cottices ondées d'argent.

124. — Granier, Pierre, procureur fiscal des Marets de Lezais :

D'argent, à un épi de gueules.

125. — Mousset, Thomas, S. de Chabanne :

D'argent, à un musset de sinople terrassé et moussé de gueules, chargé de trois chardonnerets au naturel et un chef d'azur chargé à dextre d'un soleil d'or.

126. — De Pelard, Margueritte, veuve de N. de Boisluché :

D'argent, à un aigle éployé de sable.

127. — Olliveau, François, archiprestre de Ront, et doyen rural :

D'argent, à un ollivier de sinople fruité d'or et un chef d'azur chargé de trois étoiles d'or.

128. — Marescal, Isaac, Marchand chirurgien à Ront :

De sinople, à un bouton de maréchal d'argent.

129. — Jaudouin, René, prestre, curé de la paroisse d'Auché :

D'azur, à un lion mi parti d'or et de sable.

130. — Fouchard, Philippe, laboureur en la paroisse de Couhé :

De gueules, à une faux d'argent emmanchée d'or.

131. — Rappiat, René, notaire à Pouhé :

D'azur, à une rappe à tabac d'argent.

132. — Guillory, Pierre-Samuel, marchand cabaretier :

Lozangé de sable et d'or à un chef de gueules.

133. — Amirault, Olivier, notaire à Couhé :

Comme cy-devant art. 122.

134. — Chabot, Ollivier, bourgeois de Couhé :

De gueules, à une fasce d'or chargée de deux chabots de gueules.

135. — Astron, Olivier, marchand cabaretier à Couhé :

De sinople, à une étoile à huit raies d'argent.

136. — Chabot, Jacques, notaire à Couhé :

Comme cy-devant art. 134.

137. — N..., veuve d'Olivier Bertrand, S. de la Pommmeraye :

D'azur, à un olivier d'or.

138. — Marsaut, Pierre-Phillippe, notaire à St-Sauvant :

De gueules, à un daufin d'or renversé.

139. — DE BAUCHAMPS, Henriette, femme de N. du FOUILLOUX :

D'or, à un aigle éployé de gueules, soutenu de deux griffons affrontés de même.

140. — BOUTET, Pierre, bourgeois de Couhé :

De sable à une épée d'or mise en bande.

141. — ROBIN, George, sergent royal à Couhé :

De sinople, à un robin d'argent.

142. — PIDOUX, Charles, écuier, S. du Chailloux :

De gueules, à un pied d'ours d'argent.

143. — GARNIER, Catherine, femme de Charles PIDOUX, écuier S. du Chailloux :

D'argent, à une épée d'azur garnie d'une poignée d'or mise en pal.

144. — Le prieuré de St-Jean Baptiste de Jazeneuil :

D'or, à une pairle ondée de gueules.

145. — BONNEAU, N..., S. de la Touche :

De gueules, parti d'or à une fontaine d'argent, brochant sur le tout.

146. — CHABOT, François, S. de la Barantinière :

Comme cy-devant art. 134.

147. — DE PONTS, René, écuier, Sieur de la Coudre :

Comme cy-devant art. 61.

148. — La Communauté des Bouchers, Boulangers, Texiers, et autres de la ville de Lusignan :

D'or, à trois tourteaux d'azur mal ordonnés.

Arrêt rendu à Paris, le 2 décembre 1701

SENDRAS.

TABLE DES MATIÈRES

LISTE DES ABRÉVIATIONS

Le premier chiffre à gauche indique la page ; le second, le numéro d'ordre

A

Abillon (Anne d'), I, 205, 41, N.
Abrion (Pierre), I, 227, 295, N.
Achard (Jacques), II, 28, 261, L. S.
Acquet (Charles), I, 418, 108, F.
Acquet (N. femme de Charles), I, 453, 635, F.
Adam (Anne), I, 247, 513 bis, N.
Adam (Antoinette), I, 270, 46, S. M.
Adam (Claude), I, 270, 37, S. M.
Adam (Hercule), I, 207, 66 bis, N.
Adam (Jacques), I, 271, 50, S. M.
Adam (Jacques), I, 317, 563, S. M.
Adam (Jean), I, 9, 82, P.
Adam (Josué), I, 247, 513 bis. N.
Adhumeau (Pierre), I, 69, 263, P.
Admiraud (N. veuve de N.). I, 351, 285, Th.
Admirault (N.), I, 381, 653, Th.
Affary (N.), I, 176, 109, Ci.
Agaisseau (Madeleine d'), I, 156, 242, Ch.
Aigerie (N. veuve de N. Massé), II, 29, 268, L. S.
Agier (Pierre), I, 281, 77, S. M.
Agroué (Margueritte), I, 415, 315, F.
Agroiie (Renée), I, 225, 245, N.
Aimer (Charles), I, 268, 7, S. M.
Aimon (François), I, 273, 88, S. M.
Aimon (Hiacinte), I, 274, 104, S. M.
Aimon (Louis), II. 7, 67, L. S.
Aimon (Louise), I, 5, 39, P.
Aimon (Paul), I, 273, 98, S. M.
Aimon (Pierre), I, 5, 39, P.
Aix (Renée d'), I, 278, 164, S. M.

Ajou (Marie-Henriette de Fourcy d') I, 48, 384, P.
Alamargot (Simon), I, 362, 413, Th.
Alery (Jacques), I, 108, 129, P.
Allais (Louis), II, 64, 112, M.
Allard (André), I, 339, 77, Th.
Allard (Jacques), I, 84, 80, P.
Allard (Pierre), I, 232, 361, N.
Allarie (Pierre), II, 60, 208, M.
Allart (René), I, 347, 225, Th.
Allary (Allain), I, 228, 300, N.
Allery (Hierosme), I, 343, 177, Th.
Allevers (Philippe), I, 249, 536, N.
Allogny (Marie d'), I, 135, 42, Ch.
Alloneau (Thomas), I, 89, 44. P.
Allonneau (Antoine), I, 46, 50, P.
Allonneau (François), II, 88, 75, Pa.
Allonneau (Louise), I, 221, 137, N.
Allonneau (Marie), I, 11, 110, P.
Allonneau (N. veuve de N.), I, 225, 252, N.
Allonneaud (Jacques), I, 451, 592, F.
Alnet (Michel), I, 237, 379, N.
Alongny (Marie d'), I, 47, 194, P.
Alongny (N. demoiselle d'), I, 49, 105, P.
Alougny-Lagrois (Marie-Elisabeth d'), I, 135, 38, Ch.
Alquier (N.), I, 369, 508, Th.
Amaulry (André), I, 327, 48, Th.
Amaury (N.), I, 389, 59, Th.
Amiau (Pierre), I. 436, 387, F.
Amelin de Quingé (Jean), I, 347, 230, Th.

B

Bert(Suzanne), II, 119,50, Lu.

Bertaud (Guillaume), I, 92, 87, P.

Bertèche(Caterine Jousseaume de la) II, 57, 309, M.

Berte (Marie de), II, 54. 86, M.

Berthe (N.), I, 126, 396, P.

Berthe (N.), I, 342, 143, Th.

Berthé (Paul), I, 428, 666, F.

Berthe (René), II, 76, 310, M.

Berthelin (de), I, 188, 16, Mo.

Berthelot (Louis), I, 156, 249, Ch.

Berthelot (Renée), I, 156, 250, Ch.

Berthet(N. et N. sa femme), II, 80, 19 bis, M.

Bertheu (Marie), I, 155, 233, Ch.

Berthineau (N.), I, 208, 76, N.

Berthon (François de), I, 442, 460, F.

Berthon (Jonas), I, 311, 474, S. M.

Berthon (N.), I, 101, 25, P.

Berthon (N.), I, 154, 223, Ch.

Berthon de la Cathaudière(N.), I, 143, 125, Ch.

Berthon de la Cousinière (N.), I, 145, 151, Ch.

Berthonné (Marie), I, 233, 368, N.

Berthonneau (René), I, 59, 124, P.

Berthonneau (N.), I, 111, 177, P.

Berthoume (N. veuve de N.), I, 319, 581, S. M.

Berthre (Henry), I, 335, 75, Th.

Berton (Charles), II, 89, 85, Pa.

Bertrand (Charles), I, 382, 666, Th.

Bertrand (Fleuran), I, 345, 210, Th.

Bertrand (Jacques), I, 342, 150, Th.

Bertrand (Jean), I, 330, 69, Th.

Bertrand (Jean), I, 341, 101, Th.

Bertrand (N. veuve), I, 383, 675, Th.

Bertrand(N. veuve d'Olivier),II, 125, 137, Lu.

Bertrand (Pierre), I, 341, 107, Th.

Berussias (Pierre), I, 98, 177, P.

Besjarrie (Paulicrotte), I, 439, 423. F.

Besnier (François), I, 336, 131, Th.

Bessac (Charles de), I, 170, 31, Ci.

Bessac (N. femme de Charles de), I, 185, 232, Ci.

Bessais (Jeanne de), I, 426, 622, F.

Bessane (Jean de), I, 328, 59, Th.

Bessay (François de), I, 23, 239, P.

Bessay (Louis-Jean de), II, 7, 57, L. S.

Bessay (N. de) damoiselle, I, 23, 242, P.

Bessay (N. de), I, 404, 153, F.

Bessay (N. femme d'André de), II, 35, 356, L. S.

Bessay (Paul-Bernard de), I, 23, 240, P.

Bessay (René de), I, 400, 99, F.

Bessay (Samuel de), II, 4, 21, L. S.

Bessays (Alexandre de), I, 438, 415, F.

Bessays (René de), I, 454, 643, F.

Bosse (Catherine), II, 111, 22, R.

Besse (Joseph), I, 16, 166, P.

Besse (Pierre), I, 17, 174, P.

Besseron (Yves), I, 377, 608, Th.

Bethine (Prieuré de), I, 101, 35, P.

Beuf (Jean du), I, 384, 688, Th.

Beufnier (Séraphin), I, 400, 104, F.

Beugnon (N.), I, 90, 49, P.

Bialle (Thomas), I, 458, 719, F.

Biard (Guillaume),I, 302, 367, S. M.

Biard (N.), I, 304, 395, S. M.

Bichon (Mathias), I, 444. 492. F.

Bichon (Pierre), I, 214, 154, N.

Bichot (N. veuve de N.), I, 366, 468, Th.

Bidaud (Jean), I, 224, 222, N.

Bidaud (Louis), I, 78, 396, P.

Bidault (Charles), I, 204, 29, N.

Bidault (Jean), I, 214, 151. N.

Bidault (Pierre), I, 284, 134, S. M.

Bidüe (Jeanne), I, 454, 654, F.

Bigaud (Jacques), II, 31, 305, L. S.

Bigault (Joseph), I, 26, 279, P.

Biget (Mathurin), II, 116, 28, Lu.

Bignollet (Isaac), I, 432, 533, F.

Bigot (Elisabeth), I, 232, 359, N.

Bigot (Judith.), I, 398, 86, F.

Bigot (Pierre), I, 313, 509, S. M.

Bigot (Pierre), I, 242, 450, N.

Bigot (Urbain), I, 327, 45, Th.

Biguereau (Gabriel), I, 39, 35, P.

Billard (Jacques), I, 90, 52, P.

Billasson (N. Paumier), I, 369, 499, Th.

Billaud (Jacques), I, 295, 277, S. M.

Billaud (Marie), I, 430, 763, F.

Billaud (Nicolas), I, 451, 600, F.

Billault (Jean), II, 86, 52, Pa.

Billette (N.), I, 167, 48, Ch.

Billocq (Dominique), I, 175, 95, Ci.

Billy (Charles), I, 363, 429, Th.

Billy (N. veuve de Jean), I. 383, 677. Th.

Billy (Samuel, I, 365, 456, Th.

Bineau (N.), I, 381, 658, Th.

Bineaud (René), I, 449, 568, F.

Binet (Simon), I, 252, 580, N.

Bouraut (Jean), I, 248, 526, N.
Bourbot (Antoine), I, 60, 127, P.
Bourceau (N. fille), I, 363, 492, Th.
Bourceau (N. prestre), I, 368, 491, Th,
Bourcin (Marguerite), I, 286, 184, S. M.
Bourdacheau (Jean), II, 67, 170, M.
Bourdaiseau (Mathurin), I, 63, 175, P.
Bourdeau (Jean), I, 155, 235, Ch.
Bourdeau (Jean), I, 232, 356, N.
Bourdeau (Jean de), I, 254, 612, N.
Bourdillière (N. demoiselle Daux de la), I, 161, 334, Ch.
Baurdineau (N. veuve de N.), I, 345, 206, Th.
Bourdion (Elie), I, 259, 670, N.
Bourdon (Charles), I, 61, 147, P.
Bourgeois (Jacques), I, 71, 289, P.
Bourglaud (René), I, 252, 587, N.
Bourgnon (Elisabeth), I, 82, 52, P.
Bourgnon (Jean), I, 43, 354, P.
Bourgnon (N.), I, 131, 464, P.
Bourgouin (Samuel), II, 121, 77, Lu.
Bourguillault (Ambroise), II, 64, 104, M.
Bourie Massoteau (N. de la), II, 46, 1, M.
Bourin (Antoine), I, 220, 112, N.
Bourmard (N.), II, 41, 46, L. S.
Bourneau (Raymond), I, 302, 365. S.M
Bouron (Nicolas), II, 26, 248, L. S.
Boursaud (François), I, 239, 413, N.
Boursault (Jacques), I, 351, 274, Th.
Boursault (N.) I, 82, 59, P.
Boursault (N.), I, 112, 116, Ch.
Boursault (N.), I, 165, 21, Ch.
Boursaut (Jacques), I, 245, 484, N.
Bourseau (N.), I, 301, 357, S, M.
Boursault (René), I, 410, 233, F.
Boursoreille (Jacques), II, 13, 134, L. S.
Bourun (Pierre), II, 88, 67, Pa.
Bourye (Marguerite de la), II, 89, 87, Pa.
Bousier de Rallevier de Longèves (N. Do), I, 413, 472, F.
Bousne de Louzay, I, 143, 133, Ch.
Boussay (Pierre), I, 283, 111. S. M.
Bousseau (Auguste), II, 67, 167, M.
Bousseau (Jean), II, 66, 141, M.
Bousseau (Louis), II, 73, 249, M.
Bousseau (Pierre), I, 175, 85, Ci.
Bousseau (René), I, 174, 76, Ci.
Boust (Joseph) I. 260, 684, N.

Bousteaud (Margueritte), II, 76, 317, M.
Boutard (Pierre), I, 451, 596, F.
Bouteillé (N.), I, 100, 16, P.
Bouteiller (Joseph), II, 46, 8, M.
Bouteiller (Julien). I, 443, 471, F.
Boutet (Pierre), I, 79, 12. P.
Boutet (Pierre), II, 126, 140, Lu.
Boutet (René), I, 42, 184, P.
Bouthet (Jean), I, 93, 98, P.
Bouthier (Jean), II, 93, 28, A.
Boutier (Marc), II, 92, 18, A.
Boutin (Pierre), I, 379, 624, Th.
Boutin des Fouinières, I, 147, 182, Ch.
Boutin (Isaac), I, 142, 119, Ch.
Boutin (Pierre), I, 89, 36, P.
Boutineau (Louis) I, 42, 196, P.
Bouton (Marguerite) I, 431, 383, F.
Boutou (René), I, 430, 742, F.
Boutron (N.), I 447, 530, F.
Bouttet (N.), I, 387, 28, Th.
Bouttet (Pierre), I, 366, 469, Th.
Boutton (Marie), I, 402, 133, F.
Boutton (René), I, 403, 145, F.
Bouvin (N. Grandmaison), II, 20, 209, L. S.
Bouvin (René), II, 82, 20, Pa.
Boyer (Jean), I, 197, 110, Mo.
Boyer (N.), I, 112, 170, P.
Boyleau (Elie), I, 216, 175, N.
Boyot (Jean) I, 232, 357, N.
Boys (René du), I, 435, 356, F.
Brahampiot (N. veuve de N.), I, 227, 274, N.
Braille (Louis Alexandre de), I, 432, 613, F.
Brancheu (François), I, 399, 94, F.
Brandanière (Louis Pierre Gazeau de la), II, 48, 30, M.
Brandasnière (N. veuve de René Gazeau de la), II, 78, 338, bis simple M.
Brandasnière (René Gazeau de la), II, 58, 338, M.
Brandon)Denis), I, 421, 309, F.
Brangier (François), I, 226, 269, N.
Brardin (Louis), II, 78, 334, M.
Brassac (N. dame de), I, 448, 548, F.
Braud (Nicolas), I, 456, 695, F.
Braudasnière (Gazeau de la), II, 56, 239 bis, M.
Braudon (N. veuve de Daniel), II, 73, 255, M.
Brault (Jean), I, 69, 266, P.
Brault (Louis), I, 64, 182, P.
Bray (Charles du), I, 306, 423, S. M.
Brebion (Jean), II, 63, 89, M.
Brebion (Pierre), I, 66, 217, P.

C

3

D

Desanges (Pierre), I, 280, 27, S. M.
Descare (Marie-Anne), I, 439, 423, F.
Deschamps (Gabriel),II, 121; 80, Lu.
Deschamps (Hubert), I, 97, 156, P.
Deschamps (N.), I, 158, 275, Ch.
Descheton (François), I, 40, 278, P.
Descoubleau de Sourdis (Gabrielle Brigide), II, 45, 22, M.
Descouls (N. de Manes), I, 258, 661, N.
Descubes (Pierre), II, 114, 55, R.
Descubes (Charles), II, 112, 39, R.
Descubes (François), II, 112, 40, R.
Desforges (Pierre), I, 223, 211, N.
Desfranc (Catherine), I, 26, 285, P.
Desfranc de Saint-Denis (Charles), I, 26, 286, P.
Desfranc (Jean-François), I, 2, 9, P.
Desfrancs (François), I, 15, 152, P.
Desfrancs (François), I, 206, 51, N.
Desfroises (N. femme de N. de Blacard), I, 102, 45, P.
Desgittans (Gabriel), I, 168, 10, Ci.
Deshayes (Antonin), I, 336, 130, Th.
Deshayes (Gilles), I, 332, 138, Th.
Deshayes (Mathurin), I, 339, 82, Th.
Deshayes (Pierre), I, 344, 198, Th.
Deshayes Gaillardrie (N.), I, 344, 196, Th.
Deshays (Pierre), I, 346, 218, Th.
Desherbières (Henry), I, 22, 235, P.
Desherbiers (Hiacinthe), I, 327, 48, Th.
Deshomme (Emée), I, 397, 63, F.
Deslanie (Louis), I, 402, 133, F.
Deslennes (Charles), I, 212, 131, N.
Desline (Françoise), II, 107, 45, L.
Desmé (N. fille), I, 379, 633, Th.
Desmé des Limousinières (N. veuve de N.), I, 379, 632, Th.
Desmier (Jacques), I, 241, 443, N.
Desmier (Louis), I, 176, 108, Ci.
Desmières (François), I, 181, 168, Ci.
Desmières (N. femme de François), I, 181, 169, Ci.
Desmilattes (Henri Elie), I, 407, 193, F.
Desmond (Pierre), I, 135, 41, Ch.
Desmons (Emmanuel), I, 133, 15, Ch.
Desmons (Marie), I, 133, 16, Ch.
Desmouty (Marie-Anne), I, 397, 64, F.
Desnaud (Pierre), I, 309, 457, S. M.
Desnois (N.), II, 41, 44, L. S.
Desnouhes (Pierre), I, 285, 150, S. M.
Desnoyers (Raphaël), I, 89, 126, P.

Desportes (N.), II, 30, 283, L. S.
Després (Marie), I, 148, 244, Ch.
Desprez (Anne-Marie), I, 209, 92, D. N.
Desprez (Jean), I, 208, 77, N.
Desprez (René), I, 398, 77, F.
Desprez (Renée), I, 461, 9. F.
Desprez (Thomas), I, 398, 76, F.
Desrages (Antoine), II, 89, 94, Pa.
Desroches (Amador), I, 327, 44, Th. esvière (François-Alexandre), II, 92, 14, A.
Dettois (Gabriel), I, 81, 45, P.
Devallée (Estienne), I, 281, 66, S. M.
Devestellier (Charles), I, 284, 133, S. M.
Dieu Bion (Jean de), I, 239, 411, N.
Dieulefit (N.), I, 161, 331, Ch.
Dieulefit de Pictard (N.), I, 159, 289, Ch.
Dinet (Joseph), I, 415, 499, F.
Dinot (N.), II, 29, 273, L. S
Direau (N.), I, 376, 584, Th.
Disleau (N. veuve de Pierre), I, 295, 275, S. M.
Disson (N.), II, 28, 253, L. S.
Divé (Marie-Françoise) I, 85, 90, P.
Divé (André), I, 61, 139, P.
Divé (François), I, 400, 107, F.
Divé (Hilaire), I, 40, 269, P.
Dive (N. de la), II, 12, 125, L. S.
Dodeteau (Louis), I, 424, 382, F.
Doet (Renée du), I, 24, 250, P.
Doirvaux (Antoine), I, 81, 49, P.
Donadicq (Louis), I, 88, 22, P.
Donc (Vincent), I, 319, 584, S. M.
Donix (Louis), I, 379, 626, Th.
Dordan (Jean), I, 306, 414, S. M.
Dore (Daniel), I, 199, 128, Mo.
Doré (Gilles), II, 29, 263, L. S.
Doré (Jean), I, 81, 83, P.
Doré (N. prestre), I, 131, 466, P.
Dore (Pierre), I, 197, 108, Mo.
Doré (Pierre), I, 198, 121, Mo.
Doridan (François), I, 181, 167, Ci.
Dorignac de Saint-Légier (N. dame) I, 236, 122, N.
Doriomant (César Aury-Birot), 1, 273, 89, S. M.
Dorion (N.) I, 129, 440, P.
Dorion (N.), I, 129, 442, P.
Doriveau (François), II, 4, 25, L. S.
Doriveau (Luc), II, 22, 1, L. S.
Dortigne (N.), I, 126, 392, P.
Douadie (Marie), I, 199, 131, Mo.
Doudan (N.), 1, 360, 391, Th.

E

F

G

Genet (N. veuve de N. chevalier du), I, 318, 573, S. M.

Gennes (Antoine de), I, 62, 153, P.

Gennes (Charles de), I, 25, 265, P.

Gennes (Charles de), I, 34, 395, P.

Gennes (Jacques de), I, 16, 162, P.

Gennes (Jacques de), I, 42, 79, P.

Gennes (Jean de), I, 87, 120, P.

Gennes (Jean-Baptiste de), I, 19, 198, P.

Gennes (Marie de), I, 18, 182, P.

Gennes (Mathieu de), I, 9, 86, P.

Gentet (Jacques), I, 398, 85, F.

Gentil (Estor), I, 404, 164, F.

Gentil (Louis), I, 309, 456, S. M.

Gentil (Margueritte), I, 452, 626, F.

Gentileau (N. prestre), I, 358, 370, Th.

Gentilleau (François), II, 89, 90, Pa.

Genty (N.), I, 375, 571, Th.

Genty (Pierre), II, 89, 93, Pa.

Genues (Jacques de), II, 117, 23, Lu.

Geoffriau (Antoine), I, 311, 479, S. M.

Geoffriau (Louis), I, 307, 425, S. M.

Geoffroy (N. veuve de Pierre), I, 257, 650, N.

Geoffroy (Nicolas), I, 243, 469, N.

Geoffroy (Pierre), II, 123, 105, Lu.

Geoffroy (Robert), II, 123, 99, Lu.

George (Michel), I, 158, 280, Ch.

Georget (N. veuve N.), I, 350, 272, Th.

Gérard (François), II, 105, 19, L.

Gérard (Joseph), I, 340, 92, Th.

Gerbier (Jacques), I, 246, 490, N.

Gerbier (Pierre), I, 251, 565, N.

Gerbier (Alexis), I, 271, 58, S. M.

Gerbier (François), I, 322, 47, S. M.

Gerbier (Jean), I, 250, 547, N.

Gergeau (Louis), I, 41, 329, P.

Germain (François), I, 296, 284, S. M.

Germain (Gaston), II, 69, 186, M.

Germain (N.), I, 383, 683, Th.

Germain (N.), I, 369, 504, Th.

Germain (N. veuve de Daniel), I, 365, 458, Th.

Germain (Renée), II, 58, 337, M.

Germier (N.), I, 430, 755, F.

Germon (N. veuve de N.), I, 365, 454, Th.

Germon (Pierre), I, 365, 455, Th.

Geron (Louis), I, 186, 234, Ci.

Gervais (André), I, 61, 138, P.

Gervais (Barthélemy), I, 75, 347, P.

Gery (Lucas), I, 94, 108, P.

Geslin (Pierre), I, 70, 284, P.

Gibault (N.), I, 343, 180, Th.

Gibon (N. veuve de N.), I, 291, 226, S. M.

Giboreau (Philipe), I, 33, 380, P.

Gigou (N.), I, 319, 580, S. M.

Gigou (N. femme de N.), I, 288, 58 bis simple, S. M.

Gigou (Pierre), I, 276, 142, S. M.

Gilbert (André), I, 308, 437, S. M.

Gilbert (Antoine), I, 74, 327, P.

Gilbert (Charles), I, 418, 110, F.

Gilbert (Christophe), I, 293, 247, S. M.

Gilbert (Jacques), II, 46, 4, M.

Gilbert (Jean), I, 203, 738, N.

Gilbert (N. veuve de), I, 240, 432, N.

Gilbertot (Mathurin), II, 120, 63, Lu.

Gillebert (Pierre), I, 16, 167, P.

Gilles (Pierre), I, 251, 574, N.

Gillet (Mathurin), I, 38, 33, P.

Gillet (Sébastien), I, 64, 186, P.

Gillier (Henriette), I, 269, 22, S. M.

Gillières (Louis du Flos des), I, 10, 97, P.

Gillis (N. veuve de Jacques) I, 237, 388, N.

Gillois (François), II, 106, 35, L.

Gillois (Jacques), II, 107, 40, L.

Ginot (Bonaventure), I, 60, 129, P.

Girard (Alexis), II, 122, 91, Lu.

Girard, (Antoine), I, 270, 33, S. M.

Girard (Charles), I, 455, 669, F.

Girard (Charles le jeune), I, 455, 668, F.

Girard (Claude), I, 403, 146, F.

Girard (Eusèbe), II, 50, 56, M.

Girard (Gabriel), I, 366, 465, Th.

Girard (Jacques), II, 74, 273, M.

Girard (Jean), I, 343, 176, Th.

Girard (Jean), I, 345, 207, Th.

Girard (Jean), II, 37, 392, L, S.

Girard (Jean-Bonaventure), I, 189, 20, Mo.

Girard (Joseph), II, 47, 12, M.

Girard (Louis), I, 45, 14, P.

Girard (Louis), I, 275, 137, S. M.

Girard (Louis), I, 240, 425, N.

Girard (Louis), I, 370, 511, Th.

Girard (Louis), II, 42, 66, L. S.

Girard (Louis), II, 124, 120, Lu.

Girard (Louise), I, 277, 155, S. M.

Girard (Marie), I, 82, 61, P.

Girard (N.), I, 128, 422, P.

Girard (N.), I, 163, 257, Ch.

Girard (N.), I, 325, 20, Th.

Girard (N.), II, 121, 70, Lu.

H

Jaudonnet (Jean), I, 18, 188, P.
Jaudonnet (Jean), I, 65, 205, P.
Jaudonnet (N. veuve de N.), I, 103, 55, P.
Jaudonnet (N. veuve de N. do), I, 389, 55, Th.
Jaudouin (Alexandre), I, 438, 413, F.
Jaudouin (Alexandre de), I, 405, 171, F.
Jaudouin (René), II, 125, 129, Lu.
Jaudronneau (Louis), I, 451, 601, F.
Jaulnay (Antoine), I, 39, 146, P.
Jaumie (demoiselle de la Barbelinière), I, 266, 15, N.
Jaumier (François), I, 210, 103, N.
Jaumier (Jacques), I, 167, 43, Ch.
Jaumier (N.), I, 150, 325, Ch.
Jaumier (N. femme de Jacques), I, 167, 43, Ch.
Jaumier (Pierre), I, 32, 375, P.
Jaurillac (Pierre), I, 91, 64, P.
Jautal (Jacques), II, 98, 76, A.
Jautet (Marie), I, 415, 300, F.
Jautet (René Angélique), I, 459, 734, F.
Jauvré (Philippe), I, 317, 555, S. M.
Jauvret (François), I, 422, 334, F.
Jaux (Henriette), I, 316, 547, S. M.
Javerliat (Pierre), II, 114, 42, R.
Jenouville (N. femme de N. de), I, 266, 11, N.
Jeu (Charles Goudon de), I, 188, 13, Mo.
Jeutet (Jacques), I, 325, 18, Th.
Jobet (François), I, 380, 637, Th.
Jobet (François), I, 452, 628, F.
Jobet (Jacques), I, 397, 73, F.
Jobet (N.), I, 354, 316, Th.
Joffrion (François), I, 437, 395, F.
Joffrion (N. prestre), I, 371, 525, Th.
Jolly (Brice), I, 75, 346, P.
Jolly (Jacques), I, 82, 57, P.
Jolly (René), I, 362, 420, Th.
Jolly (René), I, 368, 487, Th.
Jolly (René), II, 33, 335, L. S.
Joly (François), II, 119, 51, Lu.
Jonques (N. de), I, 303, 375, S. M.
Jonguet (N.), I, 95, 125, P.
Jonquet (N.), I, 90, 56, P.
Jorré (François de, et N. sa veuve), I, 432, 549 bis, F.
Joslin (N. veuve de François), II, 76, 302, M.
Jouasneau (Jacques), II, 78, 332, M.
Jouastre (Mathurin), II, 33, 330, L. S.

Jouault (Henry), II, 47, 10, M.
Jouault (N.), I, 376, 587, Th.
Jouax (Joseph), I, 67, 223, P.
Joubert (Auguste), I, 419, 237, F.
Joubert (Charles), I, 423, 369, F.
Joubert (Charles), I. 402, 129, F.
Joubert (Charlotte), I, 459, 754, F.
Joubert (Georges), II, 5, 33, L. S.
Joubert (Jacques), II, 9, 91, L. S.
Joubert (Jean), I, 403, 144, F.
Joubert (Jean), I, 420, 284, F.
Joubert (Jean-Joseph), I, 24, 254, P.
Joubert (François), I, 49, 5, P.
Joubert (Jean), I, 151, 291, Ch.
Joubert (N.), I, 142, 110, Ch.
Joubert (N.), I, 161, 323, Ch.
Joubert (N. femme de Jacques), II, 42, 60, L. S.
Joubert (Pierre), I, 226, 258, N.
Joubert (René), I, 50, 6, P.
Jouffard (N.), I, 349, 259, Th.
Jouffrault (Jean), I, 248, 525, N.
Josulhanne (Jacques), I, 76, 358, P.
Jouhanne (Pierre), I, 55, 60, P.
Jouhot (Jacques), I, 214, 153, N.
Jouineau (Louis), I, 376, 586, Th.
Jouineau (Maturin), I, 376, 585, Th.
Joulard (Françoise), I, 49, 5, P.
Joullin (Joachim), I, 353, 311, Th.
Jourdain (Achille), I, 173, 63 bis, Ci.
Jourdain (Achilles), I, 19, 202, P.
Jourdain (Daniel-Louis de), I, 5, 45, P.
Jourdain (François), I, 232, 362, N.
Jourdain (Jean), I, 413, 261, F.
Jourdain (Léon), I, 210, 97, N.
Jourdain (Léon), I, 217, 189, N.
Jourdain (Louis), I, 220, 126, N.
Jourdain (Louis), I, 355, 330, Th.
Jourdain (N. curé), I, 147, 185, Ch.
Jourdain (N. femme de N.), I, 265, 9, N.
Jourdeuil (Nicolas), I, 200, 147, Mo.
Jourvellaud (Louis), I. 417, 100, F.
Jourveliot (Jacques), I, 431, 513, F.
Jousière (Louis Berault de la), I, 402, 136, F.
Jouslain (N.), I, 311, 475, S. M.
Jouslard (Louis Legrand), I, 208, 79, N.
Jouslard (Jeanne), I, 213, 143, N.
Jouslard (Joseph), I, 202, 5, N.
Jouslard (René-Théophile), I, 210, 101, N.
Jouslard (Etienne), I, 270, 35, S. M.
Jouslard (Jean-Baptiste), I, 12, 116, P.

Jouslard (Pierre), I, 270, 38, S. M.
Jouslin (Jean), II, 63, 91, M.
Joussant (Pierre), I, 73, 320, P.
Joussant (Antoine), I, 15, 149, P.
Joussaume (Louis), I, 282, 83, S. M.
Joussaut (Catherine), I, 84, 85, P.
Joussau (N. veuve de N.), I, 98, 172, P.
Jousseaume (Antoine), I, 211, 109 bis, N.
Jousseaume (Catherine), I, 11, 111, P.
Jousseaume (Jacques), I, 460, 762, F.
Jousseaume (Jean), I, 421, 319, F.
Jousseaume (N.), II, 88, 69, Pa.
Jousseaume (René), I, 11, 110, P.
Jousseaume (Renée), II, 47, 21, M.
Jousseaume de la Berteche (Caterine), II, 57, 300, M.
Jousselin (Antoine), I, 218, 219, N.
Jousselin (Jean), I, 249, 512, N.
Jousselin (Pierre), I, 250, 554, N.
Jousselinière (N. veuve de N.), II, 85, 43, Pa.
Joussemet, (Christophe), II, 42, 65, L. S.

Jousserand (Jacques), I, 16, 169, P.
Jousserand de Lairé (N. femme de), I, 184, 212, Ci
Jousserant (Charles), I, 168, 9, Ci.
Jousserant (N. de), I, 114, 205, P.
Joussereau (N. veuve de N.), I, 173, 65, Ci.
Jousson (Jacques), I, 9, 88, P.
Jousteau (Pierre), I, 95, 120, P.
Jouvenelle (N.), I, 162, 349, Ch.
Joyeux (Antoine), I, 236, 377, N.
Joyeux (Estienne), I, 288, 186, S. M.
Joyeux (N.), II, 119, 50, Lu.
Joyeux (N. femme de N.), I, 95, 128, P.
Jubelin (Jacques), I, 350, 269, Th.
Juchereau (N.), I, 334, 346, Th.
Juge (François), II, 97, 51, A.
Juif (François de), I, 263, 730, N.
Juin (Jean), I, 250, 551, N.
Julliot (Pierre), I, 436, 391, F.
Julliot (René), I, 68, 244, P.
Juon (Jacques), I, 440, 433, F.
Juon (Ollivier), I, 399, 87, F.
Justeau (N.), I, 155, 230, Ch.
Justeau (René de), I, 263, 734, N.

K

Kerneno (Alexandre de), I, 396, 51, F. | Kerneno (N. de), I, 440, 435, F.

L

Laage (François de), I, 275, 138, S. M.
Laage (Louis de), I, 14, 140, P.
Labadie (François), I, 210, 94, N.
Labadye (Jacques de), I, 208, 84, N.
Labastier (Charles Morisson), II, 7, 62, L. S.
Lablevye (N. du Payré de), I, 114, 216, P.
Labourt (Jean-Pierre de), I, 206, 56, N.
Labourt (Jean-Pierre de), I, 206, 57, N.
Laclau (N. de), I, 324, 11, Th.
Laclau (N. femme de N. de), I, 348, 215, Th.
Laffier (André), I, 344, 200, Th.
Laffitton (N. veuve de Guillaume), I, 238, 395, N.
Lafiatte (Hiérosme), I, 345, 202, Th.
Lafitte (Pierre), I, 277, 156, S. M.
Lafontaine (Capelain Adrien de), I, 442, 464, F.
Lafosse (Louis), I, 291, 217, S. M.

Lafosse (René de), I, 230, 330, N.
Ladmirault de Vautibault (Louis), I, 187, 8, Mo.
Lage (François de), II, 124, 118, Lu.
Lage (N. de), II, 100, 100, A.
Laglaine (Fulgeur), I, 60, 131, P.
Lahaye (Pierre de), II, 98, 78, A.
Laigneau (Pierre), II, 63, 100, M.
Lallé (André), I, 347, 233, Th.
Laillé (Jacques), I, 351, 273, Th.
Lainparré (Michel), I, 459, 735, F.
Lairé (N. femme de Jousserand de), I, 184, 212, Ci.
Lairet (N. preste), I, 421, 298, F.
Laisné (Thomas), I, 97, 153, P.
Lalande de la Virgnais (N.), I, 104, 67, P.
Lalande (N. de), I, 127, 400, P.
Lalminiers (N. femme de Georges du Guay), I, 425, 559, F.
Lalonier (Nicolas), II, 107, 52, L.
Lambert (François), I, 216, 184, N.

M

Maisondieu (Claude), I, 24, 258, P.

Maisonneuve (Michel-Creuzé de la), I, 153, 210, Ch.

Maisonneuve (Renée Tutault de la), II, 55, 110, M.

Maisonnière (Jeanne), I, 158, 277, Ch.

Maisontiers (N. de), I, 95, 122, P.

Maisonville (Marie-Anne Pager de), I, 414, 299, F.

Maître (Alexis), I, 262, 711, N.

Maitreau (Jean), I, 233, 372, N.

Majou (Jean), II, 107, 47, L.

Majou (N. veuve de Nathaniel), II, 66, 145, M.

Majou (Samuel), I, 459, 731, F.

Majou (Samuel), II, 72, 236, M.

Malaisson (François de), I, 197, 114, Mo.

Malaunay (Henry de), I, 326, 40, Th.

Malaunay (Michel de), I, 326, 41, Th.

Maldan (N.), I, 131, 459, P.

Maledan (N.), I, 105, 82, P.

Malemanche (N.), I, 107, 117, P.

Maligneaud (Eutrope), I, 445, 508, F.

Malineau (Barbe), I, 214, 153, N.

Mallebec (Jean), II, 101, 116, A.

Mallerais (Jacques), I, 406, 181, F.

Malloray (Josué), I, 168, 32, Ci.

Mallet (Esmée), I, 437, 404, F.

Maliet (N. veuve d'Antoine), I, 374, 568, Th.

Mallet (Samuel), I, 354, 318, Th.

Malteste (Louis), II, 41, 47, L. S.

Malvant (N.), I, 110, 158, P.

Malvault (Claude de), I, 209, 89, N.

Manceau (N.), I, 266, 12 bis, N.

Manceau (Jacques), I, 201, 1, N.

Manceau (Jacques), I, 218, 229, N.

Mancigné (N. veuve de Pierre), I, 254, 602, N.

Mandon (Pierre), II, 114, 56, R.

Mandot (Jean), I. 179, 146, Ci.

Manes Descouls (N.), I, 258. 661, N.

Mangin (François), I, 25, 267, P.

Mangin (Pierre), I, 192, 57, Mo.

Mangin (N.), I, 77, 377, P.

Mangou (François), I, 251, 567, N.

Mangou (François), I, 306, 413, S. M.

Mangou (Françoise), I, 256, 635, N.

Mangou (Pierre), I, 276, 141, S. M.

Mangou (Pierre), I, 304, 391, S. M.

Mannes (Jean de), I, 220, 119, N.

Mannevy (N.), I, 264, 746, N.

Mantau (N. femme de Bénigne), I, 279, 185, S. M.

Maquenon (Marie), I, 18, 181, P.

Marans (Joachim de Beri de), II, 23, 372, L. S.

Marans (N. de), I, 164, 10, Ch.

Marans (N. femme de N. de), I, 164, 10, Ch.

Marbeuf (N. de), I, 323, 4, Th.

Marbœuf (N.), I, 125, 379, P,

Marbœuf (N. femme de N. de), I, 378, 619, Th.

Marc (Jean du), I, 257, 644, N.

Marcadet (Olivier), I, 374, 570, Th.

Marcadier (Louis), I, 77, 381, P.

Marcasseau (Louis), I, 294, 255, S. M.

Marcelon (Claude), I, 357, 353, Th.

Marchaissière (N. de la), II, 16, 130, L. S.

Marchand (Gilles), II, 9, 86, L. S.

Marchand (Jacques), I, 185, 224, Ci.

Marchand (Jean), I, 365, 452, Th.

Marchand (Louis), I, 449, 566, F.

Marchand (N.), I, 94, 118, P.

Marchand (N. femme de Gilles), II, 42, 59, L. S.

Marchand (Pierre), I, 232, 359, N.

Marchant (Jacques), I, 274, 118, S. M.

Marchant (Pierre), I, 272, 73, S. M.

Marchant (René), I, 275, 119, S. M.

Marchaud (N. curé), I, 444, 491, F.

Marchays (René), I, 447, 527, F.

Marchegay (Jacob), II, 73, 252, M.

Marcheton (N. prestre). I, 354, 322, Th.

Marcilly-Sabourin (Esmery - Raymond), I, 57, 98, P.

Marcilly-Sabourin (N. fille de), I, 57, 87, P.

Marcon (Michel), I, 155, 237, Ch.

Marconnais (N. de), I, 174, 69, Ci.

Marconnais (N. de, fille), I, 174, 70, Ci.

Marconnay (Catherine de), I, 278, 163, S. M.

Marconnay (François de), I, 31, 348, P.

Marconnay (Jean de), I, 13, 137, P.

Marconnay (N. de), I, 358, 362, Th.

Marconnay (Pierre), I, 71, 292, P.

Mare de la Font, I, 194, 78, Mo.

Maréchal (Alexandre), II, 9, 87, L. S.

Maréchalle (Jeanne), II, 33, 337, L. S.

Marechaux (Jean), I, 61, 150, P.

5

Métayer (René-Léon), I, 229, 308, N.
Métivier (Léonnard), I, 205, 280, S. M.
Métivier (Louis), I, 61, 149, P.
Metois (Jeanne), II, 118, 38, Lu.
Metois (Michel), I, 79, 8, P.
Meulenière (N. de la), II, 34, 340, L. S.
Meulenière (N, veuve de N. de la), II, 15, 88, L. S.
Meunier (Jouslain), I, 93, 99, P.
Meusnier (N.), I, 357, 358, Th.
Mezieux (N. do), I, 169, 75, Ci.
Miault (N. prestre), I, 162, 339. Ch.
Michault (Paule), I, 432, 544, F.
Michaux (N.), I. 255, 629, N.
Micheau (Daniel), I, 257, 652, N.
Micheau du Meslier (André), I, 188, 10, Mo.
Micheau (Jean), I, 257, 654, N.
Micheau (N. prestre), I, 321, 23, S. M.
Micheau (Philippe), I, 289, 191, S. M.
Micheau (Pierre), I, 249, 537, N.
Michelet (Perrette) I, 173, 56, Ci.
Michelin (Paul), I, 289, 192, S. M.
Michellin (Jacques), I, 289, 195, S. M.
Midy (prestre), I, 127, 399, P.
Migault (N. veuve de N.) II, 122, 98, Lu.
Miget (Louis), I, 270, 45, S. M.
Miget (Marie), I, 213, 140, N.
Migiault (Françoise), II, 108, 57, L.
Mignen (Jean), I, 66, 212, P.
Mignen (Pierre), I, 315, 533, S. M.
Mignot (René), I, 197, 112, Mo.
Millanchère (N. de la), I, 352, 297, Th.
Millau (Jean), I, 350, 270, Th.
Millet (Claude), I, 154, 226, Ch.
Millet (Jacques), II, 72, 248, N.
Millet (Jean), I, 43, 294, P.
Millet (Jean), I, 193, 97, Mo.
Millière (N. de la), I, 108, 127, P.
Millory (Nicolas), I, 377, 607, Th.
Millory (René), I, 378, 613, Th.
Millouin (Pierre), I, 456, 694, F.
Mimault (Pierre), I, 370, 518, Th.
Minard (Philippe), II, 117, 31, Lu.
Minault (N.), I, 346, 213, Th.
Minbielle (Madeleine de), I, 324, 9, Th.
Minbielle (Pierre-Henry de), I, 925, 19, Th.
Mincé (Julien), I, 176, 119, Ci.

Minet (Jean), I, 305, 399, S. M.
Mingault (Jean), I, 226, 263, N.
Minot (Jean), I, 184, 205, Ci.
Minot (Joseph), I, 93, 178, P.
Mirasols (N. de), I, 293, 251, S. M.
Mitaud (N.), I, 142, 108, Ch.
Mitaud (Vincent), I, 64, 179, P.
Mitault (Estienne), I. 275. 125, S. M.
Mitault (Louis), I, 239, 416, N.
Mitault (N.), I, 142, 111, Ch.
Mitault de la Paquerie, I, 143, 130, Ch.
Mitault des Chaussées (N.), I, 162, 337, Ch.
Mitaud (Louis), I, 72, 312, P.
Mittault (Esmery), I, 159, 284, Ch.
Mittault de la Ligerie, I, 147, 101, Ch
Moignet (Marie), II, 106, 35, L.
Moinaud (Paul), I, 292, 237, S. M.
Moine (François), I, 300, 346, S. M.
Moisant (Bonaventure), I, 20, 207, P.
Moisant (N.), I, 127, 410, P.
Molin de Rochebonne (Emanuel), I, 209, 91, N.
Molois (N.), I. 101, 30, P.
Moloeau (Pierre), II, 19, 197, L. S.
Mombaut de St-Aubin (N. de la Haye), II, 75, 299. M.
Momillon (Jean de), II, 99, 95, A.
Momillon (René de), II. 92. 21, A.
Monbault (N. femme de N. de la Haye), I, 089, 56, Th.
Mombault (N. Petit du Chastelier de), II, 79, 5, M.
Monbiel (Perrinne de), I, 375, 582, Th.
Monbron (N. de), I, 116, 237, P.
Monceau (N.), I, 369, 505, Th.
Moncrif (Charles de), I, 2, 11, P.
Moncrif (N. de), I, 107, 106, P.
Mondetour (N. de), I, 93, 94, P.
Mondon (François), I, 21, 218, P.
Mondon (René), I, 7, 66, P.
Mondot (Pierre), I, 38, 18, P.
Monereau (N. prestre), I, 321, 19, S. M.
Monjon (Jacques de), I, 17, 179, P.
Monnay (Antoine), I, 227, 251, N.
Monnerie (Gabriel), II, 114, 38, R.
Monnerie (Jean), II, 114, 37, R.
Mons (Anne de), I, 149, 278, Ch.
Mons (Catherine des), I, 139, 92, Ch.
Mons (Marguerite de), I, 148, 274, Ch.
Mons (N. des), I, 139, 87, Ch.
Mons (Pierre des), I, 137, 59, Ch.
Monsalve (N. veuve de N. de), I, 316, 541, S. M.

N

Nesdos (Margueritte de), I, 63, 169, P.
Nesdin (François de), I, 79, 15, P.
Nesmond (Marie de), I, 216, 185, N.
Neufchaise (N. de), I, 428, 707, F.
Neufchaise (Pierre de), I, 401, 118, F.
Neufchaize (N. de), II, 98, 82, A.
Neufchaize (N. de), I, 111, 105, P.
Neufville (Pierre de), I, 304, 389, S. M.
Neuillé (Jean), I, 91, 71, P.
Neuville (N. de), I, 240, 424, N.
Novot (Hélène), I, 262, 718, N.
Neveu (Antoine), I, 154, 219, Ch.
Neveu (Maurice), I, 343, 184, Th.
Neveu (Pierre), I, 384, 690, Th.
Niau (Etienne de), I, 366, 464, Th.
Niau (N. de), I, 154, 209, Ch.
Nicault (René), I, 191, 31, Mo.
Nicault (N.), I, 115, 231, P.
Nicolas (Abraham), II, 122, 90, Lu.
Nicolas (François), I, 45, 18, P.
Nicolas (Pierre), II, 71, 221, M.
Nicolau (Jean), II, 30, 13, L. S.
Nicolau (Pierre), I, 55, 71, P.
Nicolay (Etienne), I, 87, 121, P.
Nicolazeau (Julien), II, 27, 239, L. S.
Nicolle (Charles), I, 438, 409, F.
Nicolle (Henry), I, 401, 122, F.
Nicolleau (N. prestre), I, 128, 418, P.
Nicolon (N. de la Grange), II, 36, 377, L. S.
Nicou (André), II, 12, 119, L. S.
Nicou (Eston de, fille), I, 412, 246, F.
Nicou (Gabriel de), II, 103, 1, L.
Nicou (Pierre), I 412, 248, F.
Nieuil (N. de), I, 119, 162, P.
Niort (Anne de), I, 109, 135, P.
Nirard (Etienne), I, 342, 146, Th.
Nivard (François), I, 27, 297, P.
Nivard (Françoise), II, 119, 49, Lu.
Nivard (Joachim), I, 10, 101, P.
Nivard (Louis), I, 60, 125, P.
Nivard (Marie), II, 117, 24, Lu.
Nivard (Marie), II, 118, 41, Lu.
Nivard (Philippe), II, 117, 24, Lu.
Nivard (René), II, 118, 37, Lu.
Nivard de la Richardière (N.), I, 104, 76, P.
Nivaud (Catherine), I, 65, 203, P.

Nivenne (François de), I, 71, 291, P.
Nonille (André), II, 119, 54, Lu.
Nocau (René), II, 72, 247, M.
Noël (N. veuve de Jacques), I, 363, 430, Th.
Noirаud (François), I, 359, 374, Th.
Normand (Claude), I, 42, 64, P.
Normand (François), I, 139, 92, Ch.
Normand (N.), I, 164, 9, Ch.
Normandin (François), I, 375, 576, Th.
Normandin (Jacques), II, 449, 561, F.
Normandin (Jean), II, 66, 146, M.
Normandin (René), I, 368, 485, Th.
Norry (Pierre), I, 308, 441, S. M.
Nossay (François de), I, 31, 361, P.
Nossay (Jacques de), I, 268, 16, S. M.
Nossay (Pierre de), I, 31, 362, P.
Nouu (Renée de), I, 85, 100, P.
Nouëët (Charles René des), I, 404, 162, F.
Nouëët (Gabriel des), I, 404, 161, F.
Nouëët (René-Thomas des), I, 404, 163, F.
Noues (Bourlier N. des), I, 442, 465, F.
Noues (Gabriel des), II, 49, 39, M.
Nouhe (N. Sicault de la), fille, I, 381, 656, Th.
Nouhes (N. femme de Gabriel des), I, 371, 527, Th.
Nouvel (Pierre), I, 78, 388, P.
Nouzière (Marie-Renée de Brillac de) I, 15, 150, P.
Noves Biscorras (N. des), I, 446, 524, F.
Noyau (N.), I, 128, 426, P.
Noyer (François du), I, 183, 195, Ci.
Noyer (Isaac du), I, 76, 367, P.
Noyer (Isaac du), I, 173, 57, Ci.
Noyer (Marie du), I, 84, 79, P.
Noyraudeau (François), I, 379, 631, Th.
Nudreau (Jean), I, 196, 95, Mo.
Nueil (Jean), I, 372, 538, Th.
Nueil (N. veuve de N.), I, 381, 652, Th.

O

Ocher (N.), I, 142, 117, Ch.
Ochier (André), I, 292, 233, S. M.
Ochier (Pierre), I, 293, 253, S. M.
Ochier (Pierre), I, 297, 306, S. M.

Ogard (David), I, 429, 726, F.
Oger (François), I, 45, 392, P.
Ogeron (Mathieu), I, 22, 224, P.
Ogeron (N.), I, 359, 381, Th.

P

Plaissy (Henry du), I, 360, 894, Th.
Plaissy Landernau (N. femme de N. du), I, 3·0, 646, Th.
Planche (N. Rigué de la), I, 35, 12, P.
Planche-Peiraud (N. femme de N. de la), I, 50, 70, P.
Plantis (Pierre du), II, 37, 23, M.
Planty (N. Beaupoil du), I, 147, 183, Ch.
Planty (Charlotte du), I, 303, 375, S. M.
Planty (N. veuve de N de), I, 198, 174, P.
Planty du Landreau (Charlotte du), II, 124, 114, Lu.
Plard (Jean de), I, 39, 125, P.
Plessis (Jacquette du), I, 30, 338, P.
Plessis (Jeanne du), I, 61, 148, P.
Plessis Landry (Antoine Poitevin du), II, 11, 103, L. S.
Plessix (Mlle N. du), II, 118, 40, Lu.
Plisson (Pierre), I, 84, 84, P.
Plonay (Maturin de), II, 5, 34, L. S.
Pouay (N. femme de Mathurin de), I, 34, 338, L. S.
Plouer (Claude Hilarion de), I, 400, 98, F.
Pogier (Pierre), I, 147, 188, Ch.
Poignand (Jean), II, 90, 101, Pa.
Poignan (Marie), I, 276, 143, S. M.
Poignand (Margueritte), I, 31, 352, P.
Poignand (N.), I, 390, 66, Th.
Poignand (N.), II, 124, 119, Lu.
Poignant (Françoise), I, 205, 716, N.
Poirier (Charles), I, 446, 515, F.
Poirier (Pierre), I, 218, 262, N.
Poiron (Jullien), I, 178, 140, Ci.
Poisneau (N.), I, 120, 435, P.
Poissier (François), I, 408, 210, F.
Poitevin (André), II, 18, 177, L. S.
Poitevin (Gillette), II, 34, 349, L. S.
Poitevin (Louis), I, 153, 213, Ch.
Poitevin (Magdeleine), II, 10, 99, L. S.
Poitevin (Marie), I, 45, 11, P.
Poitevin (Marie de), I, 235, 712, N.
Poitevin (N.), I, 82, 52, P.
Poitevin (Pierre), II, 74, 281, M.
Poitier (N.), I, 111, 167, P.
Poitou (François), I, 377, 609, Th.
Poitou (Jean), I, 61, 140, P.
Poix (Elie de), I, 27, 298, P.
Poix (N.), I, 104, 71, P.
Polard (N. veuve de N.), I, 290, 212, S. M.

Pomeau (Pierre), I, 90, 41, P.
Pomier (Robert), II, 99, 96, A.
Pommeray (René), II, 18, 172, L. S.
Pommeraye (Françoise), II, 46, 5, M.
Pommeraye (N.), I, 325, 29, Th.
Pommier (Jean), I, 311, 482, S. M.
Ponchet (Georges du), I, 87, 7, P.
Ponpaillé (Estienne), I, 418, 135, F.
Pons (Marguerite de), II, 121, 70, Lu.
Pons (Marie de), II, 120, 61, Lu.
Pons (Pons), I, 212, 127, N.
Pont (François du), I, 56, 79, P.
Pont (François du), I, 58, 106, P.
Pont (Jean de), I, 68, 249, P.
Pont (Louis du), I, 87, 127, P.
Pont (N. du), I, 117, 253, P.
Pont (Pierre du), I, 256, 638, N.
Pont de Merré (Louise), II, 122, 85, Lu.
Pontchesne (N. veuve de), II, 20, 211, L. S.
Pontieux (N. veuve de N. de), I, 259, 671, N.
Ponts (René de), II, 126, 147, Lu.
Porchère (Magdeleine), I, 63, 175, P.
Porcheron (Georges), I, 382, 669, Th.
Porcheron (Jean), I, 26, 285, P.
Porcheron (N.), I, 108, 125, P.
Porcheron (N. femme de N.), I, 91, 72, P.
Porchers (Philippe), I, 341, 106, Th.
Porchibon (Charles), I, 445, 503, F.
Porchier (N.), II, 20, 274, L. S.
Porreault (Christophle), I, 418, 229, F.
Portal (N. du), I, 113, 202, P.
Porte (Antoine de la), I, 189, 25, Mo.
Porte (Armand de la), I, 211, 114, N.
Porte (Françoise de la), I, 172, 40, Ci.
Porte (N.), hôtesse des Trois-Roys, I, 146, 166, Ch.
Porteau (N.), II, 79, 7, M.
Porteau (Paul), II, 12, 118, L. S.
Porteau (Paul), II, 38, 7, L. S.
Potier (Estienne), I, 204, 27, N.
Potier (François), II, 99, 94, A.
Potreau (René), I, 449, 567, F.
Pottier (N. veuve d'André), II, 70, 202, M.
Poudret (François), I, 252, 579, N.
Poudret (René), II, 89, 91, Pa.
Pouget (N.), I, 351, 280, Th.
Pougnant (Jacques), I, 258, 665, N.
Pougnet (François), I, 452, 621 bis, F.

Pougnet (Hilaire), I, 393, 26, F.
Pouguet (Jacques), I. 439, 425, F.
Poujet (Jacques), I, 262, 718, N.
Poulari (André), I, 213, 149, N.
Poullain (Nicolas), I, 174, 68, Ci.
Poupaille (N. de), I, 435, 363, F.
Poupard (Alexis), I, 366, 470, Th.
Poupart (Nicolas), I, 422, 336, F.
Poupart (Samuel), I, 396, 55, F.
Poupeau (Anne), I, 72, 305, P.
Poupinet (Charles), I, 321, 26, S. M.
Pouponnet (Caterine), I, 456, 691, F.
Pouppeau (Jeanne), I, 26, 275, P.
Pousineau (Jeanne), I, 285, 63, S. M.
Poussain (Foullon Pierre), I, 449, 563, F.
Poussineau (Florentin), I, 21, 223, P.
Poussineau (Godefroy), I, 13, 136, P.
Poussineau (Jacques), I, 5, 41, P.
Pousteau (N.), I, 301, 359, S. M.
Pouzet (Pierre), I, 320, 3, S. M.
Poyand (Paul), II, 50, 57, M.
Pradines (Angélique Renée Charroir de), I, 116, 247, P.
Preau (David), I, 145, 159, Ch.
Préau (Nicolas), I, 146, 179, Ch.
Preau (N. l'ainé), I, 145, 158, Ch.
Preaux (Hector des), I, 324, 12 bis, Th.
Pressac (François de), II, 111, 2, R.
Pressar (André), I. 173. 51, Ci.
Préville (Jeanne de), I, 149, 283, Ch.
Preville (N. de la et N. sa femme), II, 36, 369 bis, L. S.
Préville de Beauvais (N. de). I, 138, 82, Ch.
Prevost (Alexis-Albert), I, 172, 42, Ci.
Prevost (André), II, 95, 38, A.
Prévost (Antoine), I, 90, 47, P.
Prévost (Antoine), II, 55, 149 bis, M.
Prevost (Charles), I. 397, 74, F.
Prévost (Christophle François), I, 394, 35, F.
Prevost (Daniel), I, 208, 81, N.
Prevost (Denis François), I, 427, 650, F.
Prevost (Elisabeth Suzanne), I, 427, 651, F.
Prevost (Gabrielle), I, 440, 429, F.
Prevost (Jean), II, 114, 44, R.
Prevost (Louis), I, 27, 299, P.
Prevost (N. Dlle), I, 423, 368, F.
Prevost de Sansac (François), I, 169, 39. Ci.
Prieur (Louis), I, 360, 399, Th.

Prieur (N.). I, 445, 507, F.
Prignon (N.), I, 129, 431, P.
Primaudaye (Gabriel de), I, 410, 189, F.
Primauday St-Georges (Gabriel de la), I, 438, 414, F.
Primault (Rene), I, 249. 533, N.
Priolleau (Elizee), I, 311, 473, S. M.
Prize (Marie-Anne), I, 440, 439, F.
Prouit (Antoine), I, 229, 313, N.
Proust (Antoine), I, 378, 622, Th.
Proust François), I, 229, 315, N.
Proust (Jean), l'ainé, I, 68, 242, P.
Proust (N.), I, 100, 14, P.
Proust (Nicolas), I, 60, 126, P.
Proust (René), II, 69. 197, M.
Prousteau (Logeois Gabriel veuve de N.), I, 420, 293, F.
Prousteau (N.), I, 127, 407, P.
Prousteau (Mathurin), II, 30, 282, L. S.
Proux (N.), I, 353, 304, Th.
Proux (N.), I, 366, 463, Th.
Prudhommes (N. veuve de Jacques), II, 28, 262, L. S.
Pruel (Gilles), I, 228, 302, N.
Pruneau (Pierre), I, 224, 232, N.
Puguenet (Jacques), I, 408, 209, F.
Puichau (Charles), I, 375, 578, Th.
Puichemin (N. femme de N.), I, 247, 515, N.
Puiguyon (N. femme de N.), I, 371, 529, Th.
Puis (N. du), I, 125, 368, P.
Putigny (Madeleine Reveau de), I, 84, 87, P.
Puy (Claude du), I, 134, 33, Ch.
Puy (Jean du), I, 66, 213, P.
Puy (Olivier du), I, 85, 98, P.
Puy (Pierre du), I, 302, 369, S. M.
Puyblonc (René), II, 71, 228, M.
Puydeterre (Gabrielle Bernardeau de), I, 449, 556, F.
Puymain (N. de), II, 79, 10, M.
Puymain (N. de), II, 58, 313, M.
Puyguion (N. Dlle de), I, 388, 43, Th.
Puyrousse (Louis), II, 29, 267, L. S.
Puyrousset (N. femme de N. Paul), I, 226, 155, N.
Puyrousset (Paul de), I, 204, 36, N.
Puyrousset (René du), I, 404, 152, F.
Puys (N. du), I, 162, 338, Ch.
Puythinnay (N. de), I, 445, 501, F.
Pynyot (Henry Philemont), I, 394, 32, F.
Pyuyot (Jacob), I, 206, 58, N.

Q

Quantinière (Françoise de la), I, 458, 717, F.
Quatrefage (N, de), II, 98, 71, A.
Quay (Pierre de), I, 254, 614, N.
Quenau (Mathieu), I, 393, 23, F.
Quereau (Jean), II, 119, 46, Lu.
Querrye (Jacques), I, 402, 134, F,

Querveno (N.), II, 35, 353, L. S.
Queteneau (Jean), I, 360, 400, Th.
Quingé (Jean Amelin de), I, 347, 230, Th,
Quintard (Jean), I, 34, 3, P.
Quivoy (N.), I, 254, 609, N.

R

Raartin (Catherine), I, 14, 145, P.
Rabaud de la Gaucherie (N. femme de N.), I, 93, 103, P.
Rabeau (Fulgent), I, 84, 79, P.
Rabault (Jacques), I, 23, 243, P.
Rabereul (Jacques), I, 19, 192, P.
Rabethe (N.), I, 93, 102, P.
Rabille (Julien), I, 395, 48, F.
Rabillé (Julien), II, 123, L. S.
Rabreuil (René), I, 5, 43, P.
Rabreuil (Renée), I, 66, 209, P.
Racaudet (N. femme de N.), I, 453, 630, F.
Raclet (N.), II, 17, 166, L. S.
Racodet (François), I, 393, 25, F.
Rageneau (N.), I, 154, 222, Ch.
Ragonneau (François), I, 230, 320, N.
Ragot (N.), I, 136, 57, Ch.
Ragot (Pierre), I, 59, 115, P.
Raguenau (N.), I, 160, 307, Ch.
Raguit (N.), I, 146, 176, Ch.
Raignier (Louise), I, 438, 416, F.
Raignion (Suzanne), I, 440, 432, F.
Raimond-Cacault (N.), I, 222, 196, N.
Raimondière (Pierre), I, 256, 637, N.
Raity de Vitré (Marie-Elisabeth de), I, 10, 103, P.
Raizon (Mathieu), I, 393, 15, F.
Raizon (Michel), I, 409, 221, F.
Rayty de Villeneuve (Jacques), I, 17, 180, P.
Rallevier de Longeve (N. D° Bousier de), I, 443, 472, F.
Ramat (N.), II, 99, 88, A.
Rambault (N.), I, 129, 430, P.
Rambault (N.), I, 229, 312, N.
Rambault (Paul), II, 87, 59, Pa.
Rambault (Paul), II, 89, 81, Pa.
Ramberge (Charles de), II, 8, 71, L. S.
Ramberville (Charles-Joseph de), II, 55, 101, M.

Ramesay (Marguerite), I, 397, 71, F.
Ramesays (François de), I, 438, 412, F.
Ramezay (François de, I, 395, 40, F.
Rampillon (Daniel), I, 400, 106, F.
Rampillou (Marie), I, 399, 90, F.
Rampillon (Mathurine), II, 75, 292, M.
Rampillon (Pierre), II, 107, 44, L.
Rampillon (René), II, 107, 39, L.
Rangot (Charles de), I, 324, 14, Th.
Rangot (N. dlle du), II, 61, 285, M.
Ranguet (N. femme de N. de), II, 71, 215, M.
Raoul (Claude-Louis), I, 210, 95, N.
Raoul (François), I, 210, 96, N.
Raoul (Gilbert), I, 323, 3, Th.
Raoul (Louis Claude), I, 235, 720, N.
Raoult (Samuel), II, 120, 66, Lu.
Rapaillon (Gilles), I, 44, 365, P.
Rappiat (René), II, 125, 131, Lu.
Raquet (N. fille du), II, 78, 2, M.
Rasseteau (N.), I, 155, 238, Ch.
Rasseteau, I, 157, 260, Ch.
Rasseteau (N.), I, 166, 30, Ch.
Rau (Noël), I, 67, 230, P.
Raufray (Louis), II, 4, 32, L. S.
Raugot (N.), I, 245, 487, N.
Raugues (Antoine de), II, 53, 47, M.
Raveau (N. veuve de Pierre, I, 241, 433, N.
Raveneau (N. femme de N.), I, 387, 30, Th.
Ravencau (Pierre), I, 334, 64, Th.
Ravenel (Louis de), I, 190, 24, Mo.
Ravenil (Louis de), I, 198, 118, Mo.
Raymollard (N.), I, 139, 91, Ch.
Raze (François de), I, 85, 90, P.
Raze (Jean de), I, 48, 364, P.
Razes (Antoine de), I, 22, 233, P.
Razes (François de), I, 23, 249, P
Razes (François de), I, 19, 195, P.
Razes (Jean de), I, 18, 181, P.

S.

Saint-Gonard (Saumier de), I, 1, 3, P.

Saint-Gouard (N. de), I, 104, 78, P.

Saint-Guillaumet (Gaspard de), I, 199, 133, Mo.

Saint-Hilaire Galardon (N. veuve de N.) I, 97, 158, P.

Saint-Lamortin (Guillon de), I, 88, 19, P.

Saint-Légier (N. dame de Dorignac, de), I, 296, 122, N.

Saint-Marsault (N. Greint de), I, 255, 620, N.

Saint-Mars-Marain (N. de), I, 135, 35, Ch.

Saint-Martin (de), II, 16, 153, L. S.

Saint-Martin (Elie de), I, 348, 571, S. M.

Saint-Martin (Elyse de), I, 286, 184, S. M.

Saint-Martin (Françoise de), II, 51, 68, N.

Saint-Martin (N.), II, 54, 44, M.

Saint-Maury (Jean de), I, 276, 139, S. M.

Saint-Maury (Jean de), I, 315, 532, S. M.

Saint-Picq (N. de), I, 392, 9, F.

Saint-Picq (N. des Roches de), I, 385, 5, Th.

Saint-Picq (N. Dlle des Roches de), I, 386, 7, Sh.

Saint-Quentin (Marie de), I, 159, 287, Ch.

Saint-Quentin (Daniel de), I, 29, 323, P.

Saint-Quintin (N. femme de Daniel de), I, 321, 31, S. M.

Saint Révérand (N. de la Roche), II, 10, 98, L. S.

Saint-Sauvant (N. de Fombaudry de), I, 53, 65, P.

Saint-Savin (N. femme de François de), I, 92, 89, P.

Saint-Scavin (François de), II, 93, 24, A.

Saint-Ustre (N. de la Touche de), I, 138, 73, Ch.

Saint-Victour (N. de), II, 92, 15, A.

Saint-Victour (N. femme de N. de), II, 101, 123, A.

Saint-Vinien (Pierre Marois de), I, 399, 96, F.

Sainton (Adrien), I, 144, 144, Ch.

Sainton (Antoine), I, 159, 286, Ch.

Salignac (Nicolas de), I, 30, 338, P.

Salle (de la), II, 2, 2, L. S.

Salle (François de la), II, 117, 27, Lu.

Salle (Jacques), I, 300, 342, S. M.

Salle (Pierre de Baglieu de la), I, 51, 41, P.

Salle (Urbain de), I, 333, 161, Th.

Sallot (René de), I, 404, 158, F.

Salmon (Jean), I, 87, 3, P.

Salmon (Maurice), I, 348, 243, Th.

Salo (Jacquette), II, 35, 363, L. S.

Salusse (N.), I, 111, 169, P.

Salusse (N. de), I, 174, 67, Ci.

Salvard (Maixant), I, 286, 165, S. M.

Salvert (Pierre de), I, 174, 72, Ci.

Samoyault (N. curé), I, 360, 396, Th.

Sansac (François Prévost de), I, 169, 39, Ci.

Sapin (François), I, 245, 494, N.

Sapin (Guillaume), I, 291, 215, S. M.

Sapin (Pierre), I, 299, 334, S. M.

Sapinault (Severin), I, 383, 674, Th.

Sapinaut (Hélenne), I, 12, 114, P.

Sapincourt (Anne de), I, 28, 318, P.

Sapineau (René), I, 407, 204, F.

Sapuyaux (René Prosper), I, 459, 752, F.

Sarazin (N.), I, 99, 2, P.

Sardain (François), I, 233, 380, N.

Sardain (Olivier), I, 234, 692, N.

Sardin (Mathieu), II, 112, 34, R.

Sarrou (Jean), I, 311, 478, S. M.

Sarzat (Jean), I, 318, 575, S. M.

Saucrau (Charles), II, 47, 20, M.

Saudelet (Charles), II, 50, 53, M.

Saudelet (N. femme de), II, 79, 14, M.

Saulnier (N. demoiselle), II, 31, 299, L. S.

Saulnier (Pierre), I, 255, 621, N.

Saumemont (N. de), I, 98, 173, P.

Saumier de Saint-Gonard, I, 1, 3, P.

Saureau (Charlotte), I, 331, 94, Th.

Sauzay (Jeanne de), I, 80, 31, P.

Sausay (Pierre-Michel de), I, 30, 334, P.

Sausay (Madelaine de), I, 19, 201, P.

Sausaz (Maturin), I, 194, 77, Mo.

Sautereau (Jacques), I, 71, 295, P.

Sauvagère (Jean-Bernard de la), II, 31, 294, L. S.

T

U

V

X

Y

CORPORATIONS ET COMMUNAUTÉS

A

Abeye (Religieux de l'abbaye de l'), I, 419, 264, F.

Airvault (Charpentiers, Menuisiers, Massons et Tonneliers), II, 86, 48, Pa.

— (Chirurgiens), II, 85, 46, Pa.

— (Marchands, Merciers, Gantiers et Potiers d'étain), II, 85, 44, Pa.

— (Sargetiers), II, 86, 49, Pa.

— (Tanneurs, Corroyeurs, Cordonniers et Bottiers), II, 85, 47, Pa.

— (Tisserans et cordonniers), II, 85, 45, Pa.

Alleux (N. prieur des), I, 321, 24, S. M.

Angle (Abbaye d'), I, 115, 228, P.

— Abbaye d'), I, 119, 280, P.

— (Religieux de l'abbaye) I. 115, 229, P.

Anjambes (Prieuré d'), I, 112, 184, P.

Argenton-Château (Tanneurs, Blanconniers, Corroyeurs, Cordonniers, Tisserands, Marchands de drap, Epiciers et autres. Chapeliers, Menuisiers, Serruriers et autres de), I, 373, 554, Th.

Aulnay (Religieux Carmes d'), I, 241, 444, N.

B

Bazoges-en-Pareds (Prieuré de), I, 121, 322, P.

Beaugrelière (Chapelle de la), I, 123, 344, P.

Beaulieu (Communauté des prêtres de la congrégation de la Mission), I, 432, 632, F.

Beauvoir (Jacobins de), II, 11, 112, L. S.

— (Prieuré), I, 120, 293, P.

— (Religieux Maturins), I, 124, 362, P.

Bellenove (Prieuré de), I, 119, 283, P.

Bessière (Boulangers et Bouchers), I, 337, 168, Th.

— (Cabaretiers), I, 337, 164, Th.

— (Corroyeurs, Cordonniers, Selliers et Botiers), I, 338, 172, Th.

— (Marchands de drap, Merciers, Epiciers et Teinturiers), I, 338, 171, Th.

— (Menuisiers, Charpentiers, Massous, Armuriers, Serruriers, Maréchaux et Poisliers), I, 333, 165, Th.

— (Religieuses de St-François), I, 337, 167, Th.

— (Tailleurs d'habits, Chapeliers et Tondeurs), I, 337, 170, Th.

— (Ville de), I, 333, 173, Th.

Beziers (Sergers, Droguetiers et Filleurs de laine de), I, 337, 169, Th.

Boisgrolland (Abbaye de), I, 118, 275, P.

— (Prieuré de), II, 11, 111, L. S.

Boirolland (Prieuré de), I, 120, 302, P.

Bonneuil (Prieuré de), I, 115, 219, P.

Bonneval (Abaye de Saint-Jean de), I, 333, 174, Th.

Bonnevault (Religieux de), I, 113, 198, P.

Bonpère (Prieuré de), I, 121, 315, P.

Bouresse (Prieuré de), I, 108, 131, P.

Bourgueil (Prieuré de), I, 122, 335, P.

Brauds (Chapelle des), I, 123, 353, P.

Bressuire (Chirurgiens et Apotiquaires de), 1, 326, 42, Th.

Bretonnière (Chapelle de la), 1, 123, 341, P.

Breuil-Bernard (Prieuré de), I, 390, 67, Th.

Breuilherbaut (Abbaye de), I, 119, 281, P.

Briou (N. Curé de), I, 322, 35, S. M.

Brouzils (Prieuré de), I, 121, 319, P.

Bruères (Prieuré de St-Léonard de), I, 386, 21, Th.

G

H

I

J

L

M

N

O

P

Q

R

S

www.ingramcontent.com/pod-product-compliance
Lightning Source LLC
Chambersburg PA
CBHW062221270326
41930CB00009B/1815